INDIEN

INDIEN

NATIONAL GEOGRAPHIC

AFGHANISTAN
PAKISTAN
CHINA
NEPAL
BHUTAN
BANGLADESCH
LAOS
BIRMA (MYANMAR)
THAILAN
SRI LANKA
MALEDIVEN
KARAKORUM
HIMALAYA
Pir-Panjal-Gebirge
Shrinagar
Leh
Nunkun 7135 m
Masrur
Dharamsala
Amritsar
Lahore
Harappa
Shimla
Chandigarh
Nanda Devi 7816 m
Haridwar
Panipat
Meerut
Ghaziabad
Faridabad
Neu-Delhi
Gurgaon
Mohenjo Daro
Jaisalmer
Wüste Thar
Mathura
Jaipur
Jodhpur
Ajmer
Fatehpur Sikri
Agra
Shahjahanpur
Chomo Yunimo 6828 m
Gangtok
Darjeeling
Dafla-Berge
Brahmaputra
Dispur
Guwahati
Gangesebene
Lucknow
Kanpur
Gwalior
Gorakhpur
Kushinagar
Indusdelta
Golf von Kutch
Udaipur
Jhansi
Allahabad
Ganges
Somnath
Varanasi
Patna
Nalanda
Bharhut
Khajuraho
Gandhinagar
Vidhyagebirge
Rajgir
Naga-Berge
Halbinsel Kathiawar
Ahmedabad
Ujjain
Sanchi
Bhopal
Bodh Gaya
Aurangabad
Hazaribaghgebirge
Parasnath
Daulatabad
Plassey
Mandu
Ranchi
Junagadh
Jamshedpur
Somnath
Bharuch
Kolkata (Kalkutta)
Diu
Golf von Khambhat
Ellora
Ajanta
Ajantagebirge
Gangesdelta
Nasik
Mumbai (Bombay)
Godavari
Dekkan-Plateau
Ostghats
Bhubaneswar
Konarak
Pune
Hyderabad
Golkonda
Westghats
Golf von Bengalen
Badami
Nagarjunakonda
Vijayawada
ARABISCHES MEER
Panaji
Alt-Goa
Hampi
Lakkadiven
Mangalore
Chennai (Madras)
Bangalore
Koromandelküste
Amindiven
Chetlat
Kiltan
Bitra Par.
Agatti
Kavaratti
Kadmat
Mysore
Cauvery
Mahabalipuram
Andrott
Pitti
Malabarküste
Coimbatore
Pondicherry
Kalpeni
Kodungallur
Thanjavur
INDISCHER OZEAN
Cochin
Anal Mudi 2695 m
Madurai
Minicoy
Trivandrum (Thiruvananthapuram)
Golf von Mannar
Kannyakumari
Nord-andaman
Mittel-andaman
Süd-andaman
Klein-andaman
Andamanen
ANDAMANISCHES MEER
Mali Kyun
Mergui-Archipel
Kar Nikobar
Nikobaren
Golf von Thai
0 130 km

KAPITEL	SEITE

Karte	4
Land der Vielfalt • KULTURGESCHICHTE	**8**
Einleitung	10
Die Induskultur (ca. 2600–1750 v. Chr.)	12
Die Vedische Periode (ca. 1500–500 v. Chr.)	15
Das Großreich (ca. 500–150 v. Chr.)	17
Der Buddha	20
Indische Regionalstaaten (ca. 150 v. Chr. – 300 n. Chr.)	21
Die Gupta-Dynastie (ca. 320–500 n. Chr.)	23
Zeit der Regionalreiche (ca. 600–1200)	27
Das Chola-Reich (ca. 850–1270)	30
Islamische Invasion (1000–1526)	32
Die Moghul-Dynastie (1526–1750)	36
Britische Kolonialherrschaft (1750–1947)	42
Republik Indien (seit 1947)	48
NORDINDIEN • IM LAND DER HOCHPÄSSE	**58**
Einleitung	60
Shrinagar	66
Amritsar	76
Sikhismus	84
Chandigarh	86
Shimla	92
Dharamsala	98
Leh	104

NORDWESTINDIEN • EIN MÄRCHEN MIT ZUKUNFT **110**
Einleitung 112
DELHI • METROPOLE DER HOFFNUNGEN 118
Fotostory: Ein Autorikschafahrer in Delhi 136
Wahlen in Indien 158
Islam in Indien 160
Agra 162
Jaipur 174
Udaipur 184
Jodhpur 188
Jaisalmer 192
Ahmedabad 196
Junagadh 200
Jainismus 204

NORDOSTINDIEN • AN DEN UFERN DES GANGES 206
Einleitung 208
Lucknow 214
Kumbh Mela 220
Ayodhya 222
Guwahati 226
Fotostory: Ein Hotelier in Darjeeling 234
Teeanbau 236
Varanasi 240
Hinduismus 250
Patna 254
Der bengalische Tiger 260
Ranchi 262
Kolkata • SITZ DER GÖTTIN KALI 266
Fotostory: Eine Software-Entwicklerin in Kolkata 296

MITTELINDIEN • DAS HERZ INDIENS **306**
Einleitung 308
Bhopal 314
Mandu 324
Ajanta & Ellora 328
Der Indische Elefant 332
MUMBAI • DIE STADT DER TRÄUME 334
Bollywood 374
Pune 378
Hyderabad 384
Der Sari 414

SÜDINDIEN • DAS URSPRÜNGLICHERE INDIEN **418**
Einleitung 420
Panjim & Alt-Goa 426
BANGALORE • DIE HAUPTSTADT DES BUSINESS 434
Mysore 458
Hampi 466
Gurus aus Indien 470
Chennai 472
Madurai 488
Tamil-Kultur 494
Kochi 496
Mangalore 500
Yoga und Ayurveda 504

Anhang
Zeittafel 506
Register 509
Bildnachweis 512

KULTURGESCHICHTE

LAND DER VIELFALT

010 Einleitung
012 Die Induskultur
015 Die vedische Periode
017 Das Großreich
020 *Der Buddha*
021 Indische Regionalstaaten
023 Die Gupta-Dynastie
027 Zeit der Regionalreiche
030 Das Chola-Reich
032 Islamische Invasion
036 Die Moghul-Dynastie
042 Britische Kolonialherrschaft
048 Republik Indien

KULTURGESCHICHTE

Der indische Kulturraum, der den gesamten südasiatischen Subkontinent umfasst, blickt auf eine 5000-jährige wechselhafte Geschichte zurück. Hier entstand eine der frühesten Zivilisationen der Menschheit. Viele weitere Reiche folgten. Allerdings konnten sich nur zwei, die der Mauryas und der Moghuln, über den größten Teil Indiens ausbreiten. Dazwischen war die Geschichte des indischen Subkontinents geprägt von der Konkurrenz einzelner, nebeneinander bestehender Regionalreiche. Begegnungen mit Eroberern und Einwanderern aus Zentralasien, Persien und Makedonien, mit Handelspartnern aus Rom und China sowie während der Kolonialzeit mit verschiedenen europäischen Ländern führten immer wieder zur Aufnahme neuer Elemente in die indische Architektur, Kunst, Musik und Literatur. Auch die Vielfalt an Sprachen, Religionen und Traditionen, die Indien schon immer auszeichnete, rührt daher. Durchaus treffend drückt der Staatsslogan „Einheit in der Vielfalt" die heutige Situation aus.

Für den Westen war Indien lange Zeit ein Wunderland der Mystik und Spiritualität, das man aber gleichzeitig mit sozialer Ungerechtigkeit und eigentümlichen Sitten verband. Doch dieses – schon immer einseitige – Bild hat sich in den letzten Jahren grundlegend geändert: Heute ist Indien bekannt für seine Computerspezialisten, preisgekrönten Autoren und die größte Filmindustrie der Welt, Bollywood, die mit ihren prächtig ausgestatteten Filmen derzeit auch den deutschen Markt erobert.

Diese Entwicklung setzte Anfang der 90er Jahre ein. Innerhalb kurzer Zeit wurde aus dem Entwicklungsland eine globale Wirtschaftsmacht, die sich zum Ziel gesetzt hatte, eine „Supermacht des Wissens" zu werden. Dieses Ziel hat Indien zumindest im Bereich der Informationstechnologie längst erreicht. Doch der Aufbruch in eine bessere Zukunft wird überschattet von Mängeln in der Infrastruktur, im Bildungswesen, in der Chancengleichheit der verschiedenen Bevölke-

Eine der dynamischsten Branchen Indiens ist die Callcenter-Industrie. Hier arbeiten vor allem junge Hochschulabsolventen. Im Auftrag internationaler Unternehmen bedienen sie – mit angelerntem britischen oder amerikanischen Akzent – Kunden auf der ganzen Welt.

rungsgruppen wie auch der Geschlechter und in der Bekämpfung von Armut und Elend. Innenpolitisch leidet Indien unter Spannungen zwischen hinduistischen und muslimischen Extremisten und außenpolitisch unter der Dauerkrise mit Pakistan wegen der Kaschmir-Region.

Die indische Republik ist die größte Demokratie der Welt. Rund 1,1 Milliarden Menschen leben hier auf knapp 3,3 Millionen Quadratkilometern. Diese hohe Bevölkerungszahl, nach China die zweithöchste der Welt, führte vor zehn Jahren noch zu düsteren Prognosen. Doch inzwischen hat sich herausgestellt, dass darin auch das große Potential Indiens liegt. Das Durchschnittsalter der Bevölkerung liegt bei knapp 25 Jahren. Diese Masse an jungen Leuten ist nach Jahrhunderten der islamischen und britischen Vorherrschaft zu einer selbstbewussten Nation herangewachsen, die die Probleme ihres Landes erkennt und sich tatkräftig den Herausforderungen der Zukunft stellt.

Inwieweit sich angesichts der rasanten Entwicklung Traditionen und kulturelle Eigenheiten bewahren lassen, wird sich in den nächsten Jahren zeigen. Doch wenn man einen Blick auf die Kulturgeschichte Indiens wirft, kann man erkennen, dass das Land immer in der Lage war, das Neue mit dem Alten zu verbinden und sich dadurch seine Offenheit, Toleranz und Vielfältigkeit zu bewahren.

Wachstumsprognosen bauen auf den überdurchschnittlich hohen Anteil an jungen Menschen in der Bevölkerung. Wenn der jungen Generation eine entsprechende Ausbildung ermöglicht wird, verfügt Indien in den nächsten Jahrzehnten über ein großes Potential an Arbeitskräften.

DIE INDUSKULTUR VON MOHENJO DARO UND HARAPPA

(ca. 2600–1750 v. Chr.)

Die frühesten Zeugnisse der indischen Kultur fand man im Industal im heutigen Pakistan. Spuren von Sesshaftwerdung, Viehzucht, Getreideanbau und Metallverarbeitung lassen sich bis ins 7. Jahrtausend v. Chr. zurückverfolgen. In kontinuierlichen Schritten entwickelte sich eine blühende städtische Kultur, die über so moderne Errungenschaften wie Stadtplanung, Kanalisation, Schrift und ein einheitliches Maß- und Gewichtssystem verfügte. Diese Kultur, die ihre Blütezeit von 2600 bis 1900 v. Chr. erlebte, wird als Indus- oder Harappakultur bezeichnet. Die wichtigsten Städte waren Harappa und Mohenjo Daro mit jeweils bis zu 40 000 Einwohnern. Bis heute wurden ungefähr 1000 Siedlungen entdeckt, die Teil dieser Kultur waren. Mit einer Ausdehnung von über 1,2 Millionen Quadratkilometern übertraf sie die ägyptische und mesopotamische Hochkultur der damaligen Zeit bei weitem.

Im Unterschied zu diesen Kulturen hinterließ die Indus-Zivilisation keine Gebäude, die eindeutig als herrschaftliche oder religiöse Stätten identifiziert werden können. Die Funktion größerer Bauten wie etwa des „Speichers" oder des „Großen Bades" ist nach wie vor unklar. Inschriften auf Siegeln von Kaufleuten könnten möglicherweise Aufschluss über das soziale und kulturelle Leben der Industal-Bevölkerung geben. Jedoch wurden die Schriftzeichen, die möglicherweise auch nur Symbole darstellen, bisher nicht entziffert. Hingegen konnten rege Handelsbeziehungen mit Mesopotamien nachgewiesen werden, und zahlreiche Funde von Keramikgefäßen, tönernen Spielwaren und kunstvoll gefertigten Schmuckstücken zeugen von einer nahezu industriellen Produktionsweise.

Über den Untergang der Hochkultur am Indus ist wenig bekannt. Lange Zeit wurde die Einwanderung der Arier dafür verantwortlich gemacht. Doch heute vermutet man, dass ökologische und wirtschaftliche Faktoren zu einer entscheidenden Krise führten. Ab 1900 v. Chr. wurden der Fernhandel und die großen Städte aufgegeben. Die Bevölkerung zog in die östlichen Randgebiete, wo Elemente der Induskultur in dörflichen Siedlungen weiterlebten.

Städte wie Mohenjo Daro weisen den für die Induskultur charakteristischen schachbrettartigen Grundriss auf (rechts). Trotz zahlreicher Funde von Siegeln mit Tierdarstellungen und Schriftsymbolen (oben) weiß man bisher wenig über das kulturell-religiöse Leben der Bevölkerung des Industals. Eine Steinskulptur aus Mohenjo Daro wird als „Priesterkönig" gedeutet (links).

DIE VEDISCHE PERIODE

(ca. 1500–500 v. Chr.)

Auch wenn die Einwanderung der Arier Mitte des 2. Jahrtausends v. Chr. nicht direkt verantwortlich für den Niedergang der Induskultur war, begann mit ihr doch eine neue Epoche der indischen Geschichte: die vedische Periode. Die halbnomadischen arischen Stämme zogen, soviel man heute weiß, in kleinen Gruppen und in mehreren Schüben von Zentralasien in den Nordwesten Indiens. Arya heißt wörtlich „der Edle" – mit dieser Selbstbezeichnung wollten sich die Stämme in ihren kulturellen Werten und ihrer Sprache von der indigenen Bevölkerung absetzen. An der Spitze jedes Stammes stand ein Häuptling, der abhängig war von einer Ratsversammlung mit einem Priester an der Spitze. Später entwickelte sich daraus eine Gesellschaftsordnung, die aus vier Ständen bestand: Priester (Brahmanen), Krieger (Kshatriyas), Händler und Handwerker (Vaishyas) und Diener (Shudras).

Im Gegensatz zur Harappa-Kultur gibt es von der vedischen Kultur kaum archäologische Funde, dafür aber Hymnen, Sprüche und Zauberformeln, die in der ältesten indischen Literatur, dem Veda (wörtlich „Wissen"), überliefert sind. Der Rigveda, circa 1000 v. Chr. zusammengestellt, enthält an verschiedene Gottheiten gerichtete Opfergesänge. Diese religiösen Texte wurden in einer indoeuropäischen Sprache, dem vedischen Sanskrit, verfasst und bis in die Neuzeit hinein mündlich weitergegeben.

In der spätvedischen Phase drangen die Stämme weiter nach Osten bis in die Gangesebene vor und wurden dort sesshaft. Dabei entstanden kleine Fürstentümer, die sich ab dem 6. Jahrhundert v. Chr. zu 16 Großreichen zusammenschlossen. Mit den veränderten Lebensumständen setzte auch ein kulturgeschichtlicher Umbruch ein. Dieser fand seinen Niederschlag in den Upanishaden, philosophischen Texten, die das Opferwesen veränderten und neues Gedankengut wie Gewaltlosigkeit und die Lehre vom Selbst und von der Wiedergeburt formulierten. In der vedischen Opferreligion hatte man nach dem Besitz von Vieh, vielen Söhnen und einem langen Leben gestrebt. Nun wurden das mit dem Leben verbundene Leid und die Erlösung davon thematisiert. Dies fand seinen Ausdruck in asketischen Reformbewegungen wie dem Buddhismus und Jainismus.

Der Veda, eine Sammlung altindischer religiöser Texte, enthält hymnische Loblieder an die Götter, Melodien für deren Gesang und begleitende Opfersprüche. In verschiedenen Priesterschulen wurde dieses „Wissen" über einen langen Zeitraum hinweg nur mündlich weitergegeben.

Links: Noch heute findet man vereinzelt Schulen, in denen Studenten den Veda auswendig und auf korrekte Weise rezitieren lernen.

Der makedonische König Alexander der Große, hier dargestellt auf einem in Pompeji gefundenen Mosaik, drang auf seinen Eroberungszügen bis nach Indien vor.

DAS GROSSREICH

(ca. 500–150 v. Chr.)

Ab dem 5. Jahrhundert v. Chr. begann unter den 16 Großreichen der Gangesebene ein Kampf um die Vorherrschaft, bei dem sich Magadha im heutigen Bundesstaat Bihar um 400 v. Chr. durchsetzen konnte. Diesen Aufstieg verdankte es König Bimbisara und seinem Sohn Ajatashatru, sie sollen Zeitgenossen des Buddha Shakyamuni gewesen sein. Im 4. Jahrhundert dehnte sich das Reich unter der Nanda-Dynastie weiter aus, bis schließlich ganz Nordindien und Teile Zentralindiens zu einem Großreich vereint waren.

Während die Nandas in Nordindien herrschten, überquerte Alexander der Große 327 v. Chr. den Hindukusch und drang bis zum Indus vor. Er eroberte Provinzen wie Gandhara in der Region um Peshawar in Pakistan, die seit Ende des 6. vorchristlichen Jahrhunderts zum persischen Reich der Achämeniden gehörten. Alexanders Versuch, weiter nach Indien vorzudringen, scheiterte jedoch, da seine Soldaten nach den jahrelangen strapaziösen Feldzügen rebellierten und ihn zum Rückzug zwangen. Der Kontakt mit der hellenistischen Kultur hatte für Indien dennoch weitreichende Folgen, die sich in den nächsten Jahrhunderten vor allem in der Kunst, in der Architektur und auf dem Gebiet der Sternenkunde bemerkbar machten.

Der letzte Nanda-König wurde kurze Zeit später, um 321 v. Chr., von Chandragupta Maurya gestürzt, dem Begründer des Maurya-Großreiches. Schon bald nach der Machtübernahme weitete er sein Gebiet im Nordwesten Indiens aus. Alexanders General Seleukos Nikator, der nach dem Tod des Herrschers als sein Nachfolger eingesetzt worden war, forderte Chandragupta 305 v. Chr. in einer Schlacht heraus, die in einen Friedensvertrag mündete. Seleukos bekam 500 Kriegselefanten, dafür erhielt Chandragupta Gebiete westlich des Indus. Unter seinen Nachfolgern wurden diplomatische Beziehungen zum Mittelmeerraum gepflegt. Berichte des Megasthenes, der sich als griechischer Botschafter an Chandraguptas Hof in Pataliputra aufhielt, geben Aufschluss über das Leben im damaligen Indien. Eine weitere wichtige Quelle ist das Arthashastra, ein Staatslehrbuch, das Kautilya, einem Minister von Chandragupta, zugeschrieben wird. Dieses Werk beschreibt die Aufgaben des Königs, Innen- und

Bereits die Nanda-Dynastie verfügte über ein Heer von 3000 Kriegselefanten. Dank der „indischen Wunderwaffe" soll auch Seleukos in der Schlacht von Ipsos 301 v. Chr. seinen Rivalen Antigonos besiegt haben.

Kaiser Ashoka ließ die Säulen, in die seine Edikte gemeißelt waren, mit Tierkapitellen krönen. Die vier Rücken an Rücken sitzenden Löwen einer in Sarnath errichteten Säule wurden nach der Unabhängigkeit zum Wahrzeichen Indiens, das auf allen Münzen und Banknoten zu finden ist.

Außenpolitik sowie mitunter skrupellose Methoden, um die eigene Macht zu stärken und die der Feinde zu schwächen.

Chandraguptas Enkel Ashoka, der wohl berühmteste indische Herrscher, der von 268 bis 233 v. Chr. regierte, übernahm ein Großreich, das sich von Afghanistan bis nach Karnataka in Südindien erstreckte. Nach einem brutalen Feldzug gegen das Kalinga-Reich 261 v. Chr. beendete er die Expansionspolitik seiner Vorgänger und wurde ein friedliebender Regent. Indien verdankt Ashoka die ersten schriftlichen Zeugnisse und die Verbreitung des Buddhismus. Er ließ Buddhas Reliquien, die ursprünglich auf acht Stupas verteilt waren, öffnen und auf eine legendäre Anzahl von 84 000 Stupas verteilen. Einen davon errichtete er in Sanchi; er wurde unter den späteren Dynastien der Shungas und Shatavahanas erweitert.

Ashoka ist bekannt für seine Edikte, die den Dhamma, das rechtschaffene Verhalten, predigten. Diese Verhaltensnormen ließ er an den Grenzen seines Reichs in Felsen und später in polierte Sandsteinsäulen meißeln und der Bevölkerung in regelmäßigen Abständen öffentlich vorlesen. An der Nordwestgrenze wurde dabei die griechische und aramäische, im restlichen Land die Brahmi-Schrift benutzt, die Vorläuferin aller späteren indischen Schriften. Das berühmte Löwenkapitell einer Ashoka-Säule in Sarnath wurde nach der indischen Unabhängigkeit zum Staatsemblem.

Kurz nach Ashokas Tod setzte der Zerfall des Reichs ein. Brihadratha, der letzte Herrscher der Maurya-Dynastie, wurde 185 v. Chr. von seinem General Pushyamitra ermordet, der die Shunga-Dynastie begründete. Die Shungas waren Brahmanen, die die von Ashoka verbotenen vedischen Opferriten und Feste wieder einführten. Aber auch der Buddhismus blühte weiterhin, wie etwa die Neuerrichtung des Stupa von Bharhut zeigt. Kriegerische Auseinandersetzungen schwächten das Reich, bis es nach ungefähr 100 Jahren wieder auf das Stammgebiet um Magadha geschrumpft war.

Der Große Stupa in Sanchi wurde im 2. Jahrhundert v. Chr. auf den Resten eines von Kaiser Ashoka gestifteten Stupas errichtet und in den folgenden Jahrhunderten erweitert. Der Reliefschmuck an den vier Eingangstoren stellt Szenen aus den verschiedenen Leben Buddhas dar.

DER BUDDHA

Buddha („der Erwachte"), der Begründer des Buddhismus, der nach der ceylonesischen Chronologie von 563 bis 483 v. Chr. gelebt haben soll, wird nach neueren Forschungen bis zu 100 Jahre später datiert.

Seine Mutter Maya gebar ihn in Lumbini bei Kapilavastu im heutigen Nepal. Unter dem Namen Siddhartha Gautama wuchs er als Sohn eines Fürsten aus dem Shakya-Stamm in wohlhabenden Verhältnissen auf und heiratete früh. Mit 29 Jahren verließ er seine Familie, um als Wanderasket nach Erlösung von den Leiden des Lebens zu suchen. Nachdem er sich extrem kasteit hatte, merkte er, dass nur der „mittlere Weg" zur Erlösung führen könnte. So erlangte er im Alter von 35 Jahren in Bodh Gaya die Erleuchtung unter einem Pipal-Baum, indem er die vier „edlen Wahrheiten" vom Leiden und seiner Vernichtung erkannte. In Sarnath setzte er mit seiner ersten Predigt das „Rad der Lehre" in Bewegung und lehrte in den folgenden Jahren als Buddha Shakyamuni („der Weise aus dem Shakya-Geschlecht") im östlichen Gangesgebiet. Nach dem Genuss einer verdorbenen Speise ging er in Kushinagara in das höchste Nirvana ein.

Die vier wichtigsten Stationen seines Lebens – Lumbini, Bodh Gaya, Sarnath und Kushinagara – zählen heute zu den wichtigsten buddhistischen Pilgerstätten.

Der Buddha wurde ursprünglich nur durch Symbole (oben) dargestellt. Seit dem Ende des 1. Jahrhunderts kennt man Abbildungen in menschlicher Form (unten Buddha beim Eintritt ins Nirvana).

INDISCHE REGIONALSTAATEN

(ca. 150 v. Chr. – 300 n. Chr.)

Seit den Feldzügen Alexanders des Großen lebten in Baktrien – heute Usbekistan und Nordafghanistan – Griechen, die nach dem Untergang der Maurya-Dynastie ihr Siedlungsgebiet bis in den Nordwesten Indiens ausdehnten und in Gandhara eine hellenistisch-indische Mischkultur schufen. Ihnen folgten um 50 v. Chr. die Parther und Skythen, die weitere kulturelle Einflüsse in die Region brachten. Unter dem Anführer Kujula Kadphises rückte schließlich der Kushana-Stamm aus dem Westen Chinas nach. Drei Generationen später erstreckte sich das Reich der Kushanas von Baktrien bis ins östliche Gangestal. Unter Kanishka erlebte es in der ersten Hälfte des 2. Jahrhunderts n. Chr. seinen wirtschaftlichen und kulturellen Höhepunkt.

Kanishka gilt als Förderer des Buddhismus, welcher sich durch den Handel auf der Seidenstraße rasch bis nach China ausbreitete. Seit dem Ende des 1. Jahrhunderts n. Chr. wurde der Buddha in menschlicher Form dargestellt und nicht wie zuvor ausschließlich durch glückbringende Symbole wie Fußabdrücke, einen leeren Thron oder

Die Skythen, ein Volk von Reiternomaden aus der zentralasiatischen Steppe, beeinflussten kurz vor der Zeitenwende die nordwestindische Kultur. Besonders bekannt sind sie für ihre kunstvolle Metallbearbeitung.

Kubera, der Gott des Reichtums, Hüter des Nordens und Anführer der Yakshas (früher indischer Erdgottheiten), wurde oftmals von den Künstlern der Kushana-Zeit dargestellt. Sein dicker Bauch symbolisiert Wohlstand.

den Bodhi-Baum. Die Kunstschulen von Gandhara entwickelten eine buddhistische Bildsprache mit hellenistischen Stilelementen. Im Unterschied dazu wurde in Mathura, der zweiten Hauptstadt des Kushana-Reichs, ein indischer Stil gepflegt, der sich in seinen Buddha-Bildnissen an der kraftvollen Darstellung früher indischer Erdgottheiten orientierte.

Während die Kushanas in Nordindien regierten, breiteten sich in Zentralindien die Shatavahanas (auch Andhras genannt) von der Westküste über den Dekkan bis zur Ostküste aus. Auch sie waren große Förderer der Künste und der Architektur, die an bedeutenden Handelspunkten die Stupas von Nagarjunakonda und Amaravati errichteten. Zudem siedelten sie Brahmanen durch Landschenkungen in unerschlossenen Gebieten an, wodurch sich der Brahmanismus ausbreitete und in den folgenden Jahrhunderten mit den Volkskulturen vermischte.

Das Relief, das einst einen Stupa in Nagarjunakonda zierte, geht auf die Ikshvaku- oder Suryavansa-Dynastie, eine Nachfolger-Dynastie der Shatavahanas im 3. Jahrhundert, zurück. Dargestellt ist ein Stupa mit einem stehenden Buddha in der Mitte. Als Zeichen ihrer Ehrerbietung fliegen Götterscharen über dem Stupa und Löwen flankieren seinen Eingang.

Sehr beliebt in der indischen Kunst ist die Darstellung von Liebespaaren, die als „Mithuna" bezeichnet wird. Die Liebenden stehen symbolisch für Gesundheit, Wohlstand und Nachkommen. Auf diesem Relief aus Nachna, einer Tempelanlage aus der späten Guptazeit, sitzt das Liebespaar unter einem Mango-Baum.

DIE GUPTA-DYNASTIE

(ca. 320–500 n. Chr.)

Zu Beginn des 4. Jahrhunderts entstand im Raum Magadha erneut ein nordindisches Großreich. Während der knapp 200-jährigen Herrschaft der Guptas erlebte die indische Kultur eine Glanzzeit, in der Lyrik, Literatur und Kunst florierten. Im Nachhinein wurde diese Periode als die klassische Zeit oder das Goldene Zeitalter der indischen Geschichte gerühmt. Über die Ursprünge dieser Dynastie ist allerdings wenig bekannt. Man geht davon aus, dass die Guptas ursprünglich aus einem kleinen Fürstentum in der Gegend um Allahabad stammten.

Der erste bedeutende Herrscher der Dynastie war Chandragupta I., der von circa 320 bis 335 regierte. Anlässlich seiner Thronbesteigung begründete er eine neue Zeitrechnung, die Gupta-Ära, und nahm den Titel „Oberkönig von Großkönigen" an. Durch seine Heirat mit einer Prinzessin der Licchavis, einer mächtigen Dynastie aus dem heutigen Bihar, steigerte er sein Ansehen und legitimierte seine Herrschaft über die Region Magadha.

Wie bedeutsam diese Verbindung war, lässt sich auch daran erkennen, dass sein Sohn Samudragupta (reg. ca. 355–375) sich auf Münzen nicht als „Sohn des Gupta" bezeichnete, sondern als „Tochtersohn des Licchavi". Samudragupta vergrößerte das Reich durch eine aggressive Expansionspolitik und begründete die Vorherrschaft der Guptas in Nordindien. Auf einer bereits von Ashoka beschrifteten Säule in Allahabad rühmt er sich des Sieges über acht Könige Nordindiens und der Gefangennahme und Neueinsetzung von zwölf Herrschern im südlichen Indien. Um seine Macht als Weltenherrscher zu bestätigen, ließ er ein aufwendiges vedisches Pferdeopfer durchführen.

Das Kerngebiet der Gupta-Herrschaft umfasste die Gangesebene von Mathura bis Westbengalen und reichte südwestlich bis Vidisha in der Nähe von Sanchi im heutigen Bundesstaat Madhya Pradesh. Die angrenzenden Gebiete unterstanden sogenannten Grenzlandkönigen, die Samudragupta unterworfen hatte. Sie waren ihm zu Gehorsam und zur Leistung von Tributen verpflichtet und mussten auf Verlangen an seinem Hof

Die Gupta-Münzen zeigen auf der Vorderseite stets den König und auf der Rückseite eine Gottheit. Der in Brahmi verfassten Aufschrift zufolge ist auf dieser Goldmünze Chandragupta I. mit seiner Gemahlin Kumaradevi abgebildet und auf der anderen Seite eine auf einem Löwen sitzende Göttin.

erscheinen. Jenseits der Grenzgebiete lagen unabhängige Königreiche wie das der Kushanas im Nordwesten, die mit dem Gupta-Reich diplomatische Beziehungen pflegten. Diese Reichsstruktur der Gupta sollte später zum Vorbild der mittelalterlichen indischen Regionalreiche werden und lange Zeit deren Gleichgewicht sichern.

Unter Samudraguptas Sohn Chandragupta II. (reg. um 375–415) erreichte das Reich seine größte Ausdehnung. Durch geschickte Heiratspolitik sicherte er sein Territorium im Süden ab. Er vermählte seine Tochter Prabhavati mit dem in Zentralindien herrschenden Vakataka-König Rudrasena II., der kurze Zeit später starb. Prabhavati übernahm daraufhin für 20 Jahre die Regierungsgeschäfte und unterstützte ihren Vater Chandragupta II. dabei, die Shakas im heutigen Gujarat zu unterwerfen. Damit war auch der Zugang zu den wichtigen Hafenstädten an der Westküste gesichert. Vom Wohlstand und Aufschwung der Wirtschaft im Gupta-Reich zeugen viele Goldmünzen und Händlergilden-Siegel. Der chinesische buddhistische Mönch Fa-Hsien beschrieb auf einer Pilgerreise das nordindische Volk der damaligen Zeit als „reich und zufrieden" und den König als gerecht. Zu der Zeit hatte sich das Kastenwesen offensichtlich schon weitgehend etabliert, denn seinen Berichten zufolge unterlagen Fischer und Jäger aus niederen Kasten strengen sozialen Einschränkungen.

Zur Zeit Chandraguptas II. und seines Sohnes Kumaragupta (reg. um 415–455) erlebte das Reich eine Blüte der bildenden Kunst, Literatur und Wissenschaft. Der Überlieferung zufolge versammelten sich am Hof Chandraguptas die „Neun Juwelen" der Dichtkunst. Zu den großen Sanskrit-Dichtern gehörte unter anderem Kalidasa, der mit Gedichten wie „Meghaduta" und dem Drama „Shakuntala" nicht nur ganz Indien, sondern Ende des 18. Jahrhunderts auch Goethe begeisterte. Ein weiteres literarisches Werk der Guptazeit ist Vatsyayanas „Kamasutra", ein Lehrbuch der Liebeskunst, das einen Blick auf das Leben der Kurtisanen und ihrer eleganten, städtischen Liebhaber wirft.

Im Bereich der bildenden Kunst entstanden zu Kumaraguptas Zeit in den Schulen von Mathura und Sarnath Buddha-Statuen, die durch ihre Zartheit und ihre Ausstrahlung von Ruhe beeindrucken. In der religiösen Bildsprache festigten sich die Formen, und es wurden Lehrtexte über Attribute und körperliche Merkmale der einzelnen hindu-

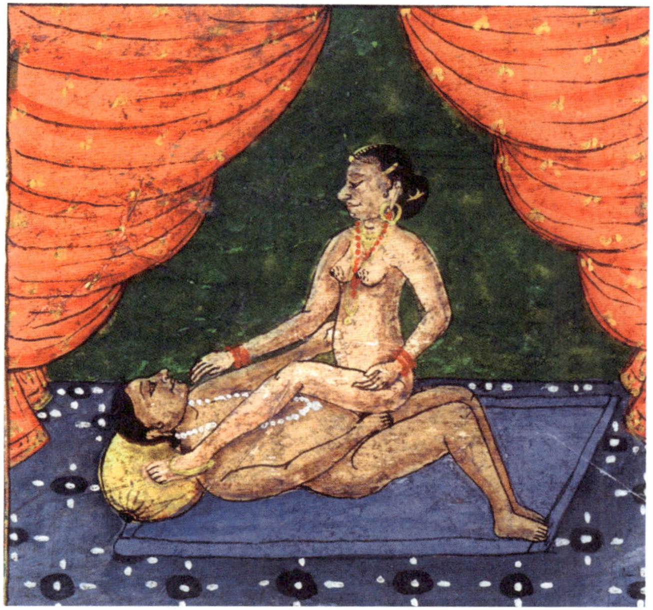

Das Kamasutra, das berühmte Werk der Liebeskunst, beschreibt neben verschiedensten Sexualpraktiken die 64 Künste, die eine Kurtisane beherrschen sollte. Außerdem enthält es die Pflichten einer Ehefrau, aphrodisierende Geheimrezepte und Methoden, um eine Frau für sich zu gewinnen.

Bodh Gaya, der Ort, an dem Siddhartha Gautama die Erleuchtung erlangte und zum Buddha wurde, ist der wichtigste buddhistische Pilgerort der Welt. Der ursprünglich aus der späten Guptazeit stammende Mahabodhi-Tempel wurde mehrfach zerstört und wieder aufgebaut. In seiner heutigen Form vereint er verschiedene Stilrichtungen in sich.

istischen Gottheiten verfasst. Die ersten frei stehenden Tempel und die bekannten Freskenmalereien in den Höhlentempeln von Ajanta zählen zu den eindrucksvollsten Werken dieser Zeit.

Die Epoche zeichnete sich nicht zuletzt durch große religiöse Toleranz aus. Die Guptas waren Anhänger des hinduistischen Gottes Vishnu, zu dessen Vertretern auf Erden sie durch die Königsweihe wurden. Doch Kupferplatten-Inschriften belegen, dass sie nicht nur Brahmanen, sondern ebenso buddhistische und jainistische Klöster finanziell unterstützten.

Für das religiöse Leben der Hindus sind bis heute die Puranas von großer Bedeutung. Diese Texte, die zum Teil auf ältere Quellen zurückgehen, wurden ab der Guptazeit gesammelt und festgehalten. Sie behandeln verschiedenste Themen, wie zum Beispiel Mythologien und Verehrungsformen verschiedener Gottheiten, die Lage von Pilgerorten, philosophische Abhandlungen, Astronomie, Tempelbau und Genealogien indischer Dynastien.

Zum Ende von Kumaraguptas Regierungszeit bedrohte ein Aufstand des Pushyamitra-Stammes aus einem Waldgebiet südlich von Allahabad die Sicherheit des Reiches. Kumaraguptas Sohn und Heerführer Skandagupta konnten ihn niederschlagen, doch während seiner Regierungszeit (um 455–467) begannen die Hunnen, die indischen Grenzen im Nordwesten anzugreifen, was die Wirtschaft des Reiches bedeutend schwächte. Zudem begünstigten während der Zeit des letzten bedeutenden Herrschers Budhagupta (reg. um 467–497) auch innere Machtkämpfe um die Erbfolge den schrittweisen Niedergang der Gupta-Dynastie. Nach wiederholten Angriffen der Hunnen zerfiel das Großreich zu Beginn des 6. Jahrhunderts, doch Kultur und Politik der Guptas wirkten weit über ihre Zeit hinaus.

In der Kunstschule von Sarnath entstand diese meisterhafte Plastik eines sitzenden Buddha. Seine „Dharmacakramudra" genannte Handgeste drückt die Drehung des Rades der Lehre aus. Charakteristisch für die Kunst der Guptazeit ist es, dass die Bekleidung zugunsten einer idealisierten Körperform nahezu verschwindet.

ZEIT DER REGIONALREICHE

(ca. 600–1200)

Mit dem Untergang der Gupta-Dynastie zerfiel das Reich in eine Reihe kleiner Fürstentümer. Unter König Harsha von Kanauj (reg. 606–647) erlebte der Norden Indiens erneut eine kurze Blüte der bildenden Kunst, der Sanskrit-Dichtung und auch der religiösen Toleranz. Doch die Zeit der Großreiche war erst einmal vorbei. König Harsha hatte starke Widersacher im Osten und Süden, die sich seinem Expansionsdrang erfolgreich widersetzten. Damit wurde zum ersten Mal in der indischen Geschichte die Vormachtstellung des Nordens gebrochen. Die politische Landschaft zerteilte sich in regionale Machtzentren, die zwar zeitweilig ihren Einfluss auf benachbarte Regionen ausdehnen konnten, aber nie stark genug waren, diese ganz zu beherrschen. Auch wenn die Dynastien wechselten, störte das die kulturelle Entwicklung in den einzelnen Reichen kaum. Man war stolz auf die eigene Sprache und pflegte die örtlichen Bräuche und Kunststile. Zur Unterstützung der Herrscher wurden zahlreiche Reichstempel erbaut, die auch als Wallfahrtszentren dienten und in der religiösen Mahatmya-Literatur gepriesen wurden. Ein volkstümlicher Hinduismus entwickelte sich, und die in Südindien entstandene mystische Bhakti-Bewegung fand ihren Weg in den Norden.

Die mächtigsten dieser Regionalreiche lagen im Norden im Tiefland von Ganges und Yamuna, im Nordosten in der unteren Gangesebene, auf dem Dekkan im westlichen Zentralindien und an der Südostküste.

Am Ende des 8. Jahrhunderts regierte im Norden ein Rajputen-Clan, die Gurjara-Pratiharas, die mit den nordöstlichen Palas und den zentralindischen Rashtrakutas in jahrelange Kämpfe verwickelt waren. Ehemalige Vasallen von ihnen, die Chandelas, erbauten im 11. Jahrhundert die Tempelanlagen von Khajuraho, die aufgrund ihrer erotischen Skulpturen weltbekannt wurden.

Die Tempelanlage von Khajuraho soll einmal 85 Tempel umfasst haben, von denen heute noch etwa 25 gut erhalten sind. Die erotischen Skulpturen an der Außenwand des Kandariya-Tempels erregten großes Aufsehen, als die Briten die vom Dschungel überwucherte Anlage im 19. Jahrhundert wiederentdeckten.

Rechts: Der hinduistische Kailasa-Tempel in Ellora wurde im Ganzen aus dem Felsen geschlagen. Rund um den Tempel verlaufen Friese, die Szenen aus den indischen Epen Ramayana und Mahabharata zeigen.

Das buddhistische Kloster Nalanda wuchs dank der Förderung von König Harsha und den Palas zu einer der bedeutendsten Lehrstätten der antiken Welt heran. Hier sollen 10 000 Studenten aus dem ganzen asiatischen Raum Philosophie, Medizin und andere Fächer studiert haben.

Den Nordosten Indiens beherrschte vom 8. bis zum 10. Jahrhundert die Pala-Dynastie. Die Palas und die ihnen nachfolgenden Senas gelten als die letzten großen indischen Förderer des Buddhismus. Sie unterstützten das berühmte buddhistische Kloster Nalanda, und die für die Kunst dieser Zeit charakteristischen Steinstelen hatten erheblichen Einfluss auf die religiöse Kunst großer Regionen Südostasiens und auf tibetische Rollbilder.

Auf dem westlichen Dekkan taten sich im 6. Jahrhundert die Chalukyas mit der Hauptstadt Badami im heutigen Karnataka hervor. Einen großen politischen Erfolg erzielte Pulakeshin II., indem er König Harshas Vordringen in den Süden abwehrte. In der Folge gelang es lange Zeit keinem Herrscher mehr, die alte natürliche Grenze zwischen Nord- und Südindien entlang des Narmada-Flusses zu durchbrechen. Die Kunst der Chalukyas vereinte die typischen Merkmale der südindischen Steinmetzkunst mit dem charakteristischen ruhigen Ausdruck der späten Gupta-Kunst. Die Reliefs der zu dieser Zeit in Badami erbauten Felsentempel sind ein steinernes Abbild der hinduistischen Mythologie. Die Nachfolger der Chalukyas, die Rashtrakutas (8.–10. Jahrhundert), entwickelten eine monumentale Architektur und Bildhauerkunst. Ein technisches Wunderwerk ist der Kailasa-Tempel in Ellora. Er ist der größte frei stehende Tempel, der je aus einem einzigen Felsen gehauen wurde.

An der Südostküste Indiens waren die Pallavas mit der Hauptstadt Kanchipuram die Gegenspieler der Chalukyas. Die von Narasimhavarman I. (reg. um 630–668) gegründete Hafenstadt Mahaballipuram beeindruckte ankommende Händler und Seefahrer durch großartige Felsreliefs und eine Reihe von aus dem Felsen gehauenen frei stehenden Tempeln. Unter ihren Nachfolgern, den Cholas, verlagerte sich der Schwerpunkt der indischen Geschichte erstmals in den Süden.

Zu Ehren des Gottes Shiva ließ der Chola-König Rajaraja den Brhadishvara-Tempel in Tanjavur erbauen. Seit 1997 gehört die Anlage mit dem 70 Meter hohen Tempelturm zum UNESCO-Welterbe.

DAS CHOLA-REICH

(ca. 850–1270)

Schon zur Zeit des Maurya-Kaisers Ashoka waren die Cholas als südindische Stammesfürsten bekannt, aber erst Aditya (reg. 871–907) legte mit einem Sieg über die Pallavas den Grundstein für ihren Aufstieg zur beherrschenden Macht Südindiens. Sein Nachfolger Parantaka eroberte Madurai im Pandya-Reich. Doch bis zum Fall der zentralindischen Rashtrakutas war der Einfluss der Cholas hauptsächlich auf das Gebiet um die Hauptstadt Tanjavur am Kaveri-Fluss beschränkt. Die Blüte und rasante Expansion des Reichs setzte 985 mit der Thronbesteigung von Rajaraja ein, dem „König der Könige", der in seinen ersten Regierungsjahren weite Teile Südindiens sowie Sri Lanka unterwarf. Als Zeichen seiner Macht ließ er 1010 in Tanjavur den damals höchsten Tempel Indiens im südindischen dravidischen Stil erbauen. Inschriften auf dem Heiligtum geben Auskunft über die wirtschaftlichen Verhältnisse: Der Tempel hatte 850 Angestellte; davon waren 174 Priester, 400 Tänzerinnen und 67 Musiker. Durch steuerfreie Einnahmen aus Landschenkungen und dem Pilgerbetrieb entwickelte sich der Tempel zu einer wohlhabenden Institution, die als kulturelles Zentrum Musik, Tanz, Poesie und religiöse Bildung förderte. Zu den großen Kunstschätzen Indiens zählen auch die anmutigen Bronze-Statuen der Chola-Zeit. Für rituelle Zwecke wurden die Götterstatuen – wie auch heute noch üblich – gebadet, gekleidet und mit kostbarem Schmuck behängt.

1012 setzte Rajaraja seinen Sohn Rajendra (reg. 1012/14–1044) als Mitregenten ein. Dieser errichtete nördlich von Tanjavur eine neue Hauptstadt, die er in Gedenken an seinen Feldzug entlang der Ostküste „Gangaikondacholapuram" nannte – „Stadt des Chola, der den Ganges besiegte". Sein Ziel war es wohl, den internationalen Seehandel zu beherrschen. Denn nachdem er die benachbarten Inselgruppen der Malediven und Andamanen erobert hatte, entsandte er seine Flotten bis nach Indonesien. Ende des 12. Jahrhunderts zerfiel das Chola-Reich in eine Reihe kleinerer Nachfolgestaaten, von denen die wichtigsten die Hoyshalas und Pandyas waren, die schließlich im 14. Jahrhundert dem Ansturm des Delhi-Sultanats erlagen.

சிவசிவ

Das 72 Meter hohe, spitz zulaufende Sandstein-Minarett Qutb Minar wurde von dem Begründer des Delhi-Sultanats als Siegesturm und Zeichen der muslimischen Oberherrschaft errichtet. Am Fuß des Turms steht die erste in Indien erbaute Moschee.

ISLAMISCHE INVASION

(1000–1526)

Bereits Anfang des 8. Jahrhunderts eroberten Araber das Industal zum ersten Mal. Ein weiteres Vordringen konnte allerdings lange Zeit von den Gurjara-Pratiharas in Nordindien und den Rashtrakutas in Zentralindien abgewehrt werden.

In den Jahren von 1000 bis 1027 überfiel Sultan Mahmud von Ghazni, ein aus Afghanistan stammender Feldherr, 17-mal die indischen Ebenen, plünderte Städte und zerstörte Hindu-Heiligtümer wie den Tempel von Somnath in Gujarat. Die nächste Welle afghanisch-türkischer Angriffe brach Ende des 12. Jahrhunderts unter Mohammed Ghuri über Indien herein. Dieser war nicht nur auf reiche Kriegsbeute aus, sondern verfolgte territoriale Interessen. 1192 besiegte er ein vereinigtes Rajputen-Heer, nahm Delhi ein und setzte dann die Eroberung Nordindiens schrittweise fort. Sein General Qutb ud-Din Aibak, ein turkstämmiger Sklave, gründete die sogenannte Sklavendynastie und errichtete 1206 das Sultanat von Delhi. Eines der Wahrzeichen Delhis, der Qutb-Minar-Komplex, geht auf ihn und seinen Nachfolger Iltutmish zurück.

In den nächsten 300 Jahren regierten fünf verschiedene Dynastien das Sultanat. Als großer Kriegsherr gilt Ala ud-Din Khalji. Er wehrte erfolgreich die wiederholten Angriffe mongolischer Heere ab und eroberte Anfang des 14. Jahrhunderts in schnellen Schritten Zentral- und Südindien. Dadurch wurde für wenige Jahrzehnte ein gesamtindischer Staat geschaffen. Doch trotz aller militärischen Stärke konnte das Delhi-Sultanat aufgrund seiner schlechten Verwaltung die Herrschaft über dieses riesige Gebiet nicht halten. Auch die Verlegung der Hauptstadt in das zentralindische Daulatabad unter Muhammad bin Tughluq erwies sich als Fehl-

Mit der islamischen Herrschaft wurde ein neuer Typ von Bauwerken in Indien eingeführt: das Mausoleum. Die prachtvollsten Grabstätten der letzten Dynastie des Delhi-Sultanats, der Lodis, sind in den Lodi-Gärten in Delhi zu bewundern.

schlag. Als der Mongole Timur Lenk 1398 Delhi überfiel und dort drei Tage wütete, war der Niedergang des Sultanats nicht mehr aufzuhalten. Unter der Lodi-Dynastie, die von 1451 bis 1526 regierte, erholte sich das Sultanat zwar für kurze Zeit, aber der Weg für die Machtübernahme der Moghuln 1526 war längst bereitet.

Mit dem einsetzenden Zerfall des Delhi-Sultanats ab Mitte des 14. Jahrhunderts entstanden erneut einzelne Regionalreiche wie das Rajputen-Reich von Mewar und das Bahmani-Sultanat in Zentralindien. Zur gleichen Zeit gründeten die Brüder Harihara und Bukka das hinduistische Vijayanagar-Reich in Karnataka, das sich bis nach Andhra Pradesh und in den Süden ausweitete. Ihre Hauptstadt Vijayanagar, „die Stadt des Sieges", gehört seit 1986 zum Weltkulturerbe. In der felsigen Landschaft am Tungabhadra-Fluss wurden Tempel im südindischen Baustil und höfische Gebäude in Anlehnung an den islamischen Architekturstil errichtet. Und unter König Krishnadevaraya (reg. 1509–1529) erlebte die Sanskrit- und regionalsprachige Literatur eine Blüte. Häufig kam es zu Kämpfen mit angrenzenden muslimischen Gebieten, wobei es jedoch weniger um religiöse als um territoriale Machtansprüche ging. Als im Norden schon der große Moghul-Herrscher Akbar auf dem Thron saß, wurde das Vijayanagar-Reich 1565 durch die vereinte Kraft der zentralindischen Sultanate in der Schlacht bei Talikot vernichtend geschlagen.

Der dem Gott Shiva geweihte Virupaksha-Tempel in Hampi ist von einer faszinierenden Steinlandschaft umgeben. Auf einem weiten Gelände liegen riesige Felsblöcke und dazwischen die Überreste der ehemaligen Hauptstadt des Vijayanagar-Reichs verstreut.

Das von Akbar für seinen Vater Humayun errichtete Mausoleum gilt als Prototyp aller Moghul-Grabstätten. Die weitläufigen Gartenanlagen sind symmetrisch aufgebaut und durch vier Wasserkanäle geteilt. Nach islamischer Vorstellung symbolisieren sie die himmlischen Paradiesgärten.

DIE MOGHUL-DYNASTIE

(1526–1750)

Babur, der Begründer der Moghul-Dynastie, stammte väterlicherseits von Timur und mütterlicherseits von Dschingis Khan ab. Die Usbeken vertrieben ihn aus seiner Heimat Samarkand, woraufhin er ein kleines Reich im afghanischen Kabul errichtete. Doch bald führte ihn sein Eroberungsdrang nach Indien. Durch den Einsatz kleiner, leichter Feldfeuerwaffen besiegte er 1526 in der Schlacht bei Panipat das zahlenmäßig überlegene Heer des Delhi-Sultanats. Ein Jahr später schlug er Rana Singh, den Rajputenfürsten von Mewar, und trat in der Folge einen Siegeszug durch ganz Nordindien an. Als Babur 1530 starb, erstreckte sich sein Reich von Afghanistan bis zu den Grenzen Bengalens.

Sein Sohn Humayun konnte das Reich jedoch nicht lange halten. Versuche, nach Westen vorzudringen, wurden von Bahadur Shah, dem Sultan von Gujarat, abgewehrt. Und im Osten drohte der Afghane Sher Khan Sur, der ihn schließlich 1540 ins Exil nach Persien vertrieb. Auf dem Weg dorthin wurde 1542 Humayuns Sohn Akbar geboren, der der größte der Moghulkaiser werden sollte. Doch zunächst gründete Sher Khan die Sur-Dynastie und errichtete erneut ein afghanisches Delhi-Sultanat in Nordindien. Er führte Verwaltungsreformen durch und baute Straßen wie die Grand Trunk Road weiter aus. 1555 konnte Humayun das unter Sher Khans Nachfolgern geschwächte Sultanat zurückerobern. Einige Monate später starb er bei einem Sturz von der Treppe seiner Bibliothek, und sein Sohn Akbar bestieg 1556 im Alter von 13 Jahren den Thron.

Zu Beginn seiner 50-jährigen Regierungszeit hatte Akbar mit Rajputen und afghanischen Klans zu kämpfen. Mit der Heirat der Tochter des Rajputenfürsten von Amber 1562 legte er den Grundstein für die zukünftige Allianz von Moghuln und Rajputen. Ihm war sehr wohl bewusst, dass das Moghul-Reich nur durch die Einbeziehung der hinduistischen Bevölkerung gefestigt werden konnte. 1563 hob er die Pilgersteuer in hinduistischen Wallfahrtsorten auf, und 1564 schaffte er die im Koran vorgeschriebene

Kopfsteuer (jizya) für Nichtmuslime ab. Akbars großes Interesse galt den mystischen Strömungen des islamischen Sufismus und der hinduistischen Bhakti-Bewegung. Als Ausdruck seiner religiösen Toleranz lud er Vertreter anderer Religionen in seine neu erbaute Hauptstadt Fatehpur Sikri in der Nähe von Agra ein, um religiöse Themen zu diskutieren. 1577 soll er ein mystisches Erlebnis gehabt haben, wodurch er sein „Gottesgnadentum" bestätigt sah. Schließlich verkündete er seine Lehre Din i-Ilahi („Göttlicher Glauben"), die Elemente verschiedener Religionen in sich vereinigte. Damit zog er endgültig den Zorn der orthodoxen Glaubenslehrer auf sich, die seinen Halbbruder in Kabul und afghanische Klans im Osten zu einem Aufstand (1580–1582) anstifteten. Akbar konnte ihn jedoch niederschlagen und festigte damit ein für alle Mal seine Alleinherrschaft über Nordindien.

Nicht nur mit religiöser Toleranz, sondern auch durch grundlegende Verwaltungsreformen stärkte Akbar seine Herrschaft. Er baute auf ein von Sher Khan eingeführtes Steuersystem auf, das die Grundsteuer anhand von Katasteraufnahmen festlegte. Dafür ließ Akbar alle Landzuteilungen einziehen, neu vermessen und unter eine zentrale Steuerverwaltung stellen, die über zehn Jahre hinweg alle Erträge aufzeichnete. Aus dem Zehnjahresdurchschnitt wurde ein Steuersatz errechnet, der die regionalen Unterschiede berücksichtigte. Eine weitere Innovation Akbars war das sogenannte Mansabdar-System, ein direkt kontrollierbares und hierarchisch gegliedertes Herrschaftssystem. Jeder Amtsinhaber erhielt einen Rang (*mansab*), der ihm durch Steuereinnahmen ein bestimmtes Einkommen sicherte, wofür er eine festgelegte Anzahl an berittenen Soldaten zu unterhalten hatte. Dabei wurden die Ränge und Beförderungen allein von Akbar zugeteilt.

Der Moghulherrscher Akbar gab zahlreiche Buchillustrationen in Auftrag, darunter auch die seiner eigenen Biographie, der „Akbarnama". Die indopersische Miniaturmalerei stellt Akbar in einer hellgelben Robe auf seinem königlichen Elefanten bei der Überquerung des Ganges dar.

Abu'l Fazl, Akbars Hofschreiber, beschreibt in seinem Werk A'in i-Akbari die Verwaltung des Moghulstaats in allen Einzelheiten. Noch bekannter ist die von ihm verfasste Herrscher-Biographie Akbarnama. Akbar selber war Analphabet, doch er ließ bedeutende hinduistische Werke wie die Epen Ramayana und Mahabharata aus dem Sanskrit ins Persische übersetzen und illustrieren. Die indopersischen Miniaturmalereien zeugen von dem hohen Können seiner Malwerkstatt am Hof.

Während Akbars Regierungszeit zeichnete sich am Horizont bereits die nächste große Macht ab, die Indiens Geschichte entscheidend bestimmen sollte: Im Jahr 1600 wurde die englische East India Company gegründet. 1602 folgte die niederländische, 1616 die dänische und 1664 die französische Kompanie. Die Macht der Europäer in Indien blieb bis ins 18. Jahrhundert allerdings auf einzelne Handelsstützpunkte an der Küste beschränkt.

Bei den Moghuln gab es, wie auch unter den türkisch-afghanischen Dynastien des Sultanats von Delhi, keine feste Thronfolge. Oft wurden die Erbfolgekriege noch zu Lebzeiten des Regierenden ausgetragen. Meist endeten sie damit, dass der Unterlegene hingerichtet, geblendet oder im günstigsten Fall ins Exil geschickt wurde. So rebellierte auch in Akbars letzten Lebensjahren sein Sohn Salim, der aus der Ehe mit der Rajputenprinzessin von Amber stammte, gegen ihn. Nach seiner Thronbesteigung 1605 unter dem Namen Jahangir („Eroberer der Welt") schlug er als Erstes den Aufstand seines Sohnes Khusrau nieder, ließ ihn blenden und einen verbündeten Sikh-Führer hinrichten. Jahangir, bekannt für seinen enormen Alkohol- und Opiumkonsum, war angeblich der Schönheit seiner Frau Nur Jahan („Licht der Welt"), die

In der Nähe von Agra ließ Akbar aus rotem Sandstein die Palastanlagen seiner neuen Hauptstadt Fatehpur Sikri errichten, die er allerdings nur 14 Jahre lang bewohnte. Hier fanden seine berühmten Religionsgespräche statt, zu denen er Gelehrte vieler Glaubensrichtungen versammelte, darunter etwa auch jesuitische Mönche aus Goa.

er 1611 geheiratet hatte, verfallen. Die Perserin stieg durch ihr diplomatisches Geschick zur bedeutendsten Frau am Moghulhof auf. Sie ließ sogar Münzen in ihrem Namen prägen. Ein aufschlussreicher europäischer Bericht über diese Zeit stammt aus der Feder von Sir Thomas Roe, der sich von 1615 bis 1619 als erster englischer Botschafter an Jahangirs Hof aufhielt.

Shah Jahan war ein kühner Krieger, großer Bauherr und liebender Gemahl. Zu Ehren seiner Frau Mumtaz Mahal – „der Auserlesensten des Palastes" –, die bei der Geburt ihres 14. Kindes gestorben war, ließ er den Taj Mahal errichten. Das Grabmal gilt seitdem als Symbol ewiger Liebe.

Jahangirs Sohn Khurram, der schon als General den Ehrentitel Shah Jahan („Herr der Welt") trug, zettelte ebenfalls einen Aufstand gegen seinen Vater an. Nach dessen Tod 1627 wurde Nur Jahan in Lahore unter Arrest gestellt und Shah Jahan (reg. 1628–1657/9) übernahm die Macht. Er dehnte das Reich weiter nach Süden aus und lag im Nordwesten im Kampf mit den Persern um die Stadt Kandahar und mit den Usbeken um seine Stammheimat Samarkand. Doch nicht als kühner Kriegsherr, sondern als großer Bauherr erlangte Shah Jahan Weltruhm. In Agra am Ufer des Yamuna-Flusses ließ er als Mausoleum für seine 1631 gestorbene Frau Mumtaz Mahal den Taj Mahal errichten. Der große indische Dichter Rabindranath Tagore nannte das berühmteste Bauwerk Indiens später „eine Träne auf der Wange der Zeit". Der Moghulstil, der Einflüsse des Sultanats, Persiens und des hinduistischen Indien vereinte, erreichte unter Shah Jahan den Höhepunkt seiner Entwicklung. Der Herrscher bereicherte die drei großen Moghulstädte Lahore, Delhi und Agra mit Bauwerken. 1639 verlegte Shah Jahan die Hauptstadt von Agra nach Delhi, erbaute dort das Rote Fort und mit der Jama Masjid die damals größte Moschee der Welt.

Als er 1657 erkrankte, brach wiederum ein heftiger Kampf um die Thronfolge aus. Aurangzeb ließ seinen liberalen Bruder Daro Shukah als Ketzer hinrichten und ging 1659 als Sieger aus dem Kampf hervor. Seinen Vater Shah Jahan hielt er bis zu dessen Tod

1666 im Fort von Agra gefangen – mit Blick auf den Taj Mahal. 1679 führte er die Kopfsteuer für Nichtmuslime wieder ein, startete Kampagnen zur Zwangsbekehrung und zerstörte zahlreiche Hindu-Tempel. Wegen seiner hindufeindlichen Politik erhoben sich schließlich die Rajputenfürsten gegen ihn. Selbst sein Sohn Akbar lief 1680 zu den aufständischen Marathen über, die seit Anfang des 17. Jahrhunderts einen ernst zu nehmenden Machtfaktor auf dem Dekkan darstellten. Ihr Anführer Shivaji (1627–1680) ließ sich 1674 nach hinduistischer Zeremonie zum König krönen. Von 1682 bis zu seinem Tod 1707 eroberte Aurangzeb Südindien und kämpfte mit all seiner militärischen Macht gegen den Guerillakrieg der Marathen an. Dabei vernachlässigte er den Norden des Reichs, wo es seit 1685 wiederholt zu Bauernaufständen kam.

Auf Aurangzeb folgten einige schwache Moghulkaiser, die nur noch nominell die Macht besaßen. Tatsächlich herrschten kleinere Dynastien, und das Land zerfiel wieder in Regionalreiche, bis die Britische East India Company als neue Großmacht auf den Plan trat.

Der an den Ufern des Flusses Yamuna gelegene Taj Mahal bietet bei Sonnenaufgang einen besonders schönen Anblick, wenn das Morgenlicht den weißen Marmor in Pastelltönen erstrahlen lässt. Heute ist der Taj Mahal von der zunehmenden Luftverschmutzung bedroht, sodass in der Umgebung des Monuments nur noch Elektro-Autos zugelassen sind.

INDIEN UNTER BRITISCHER KOLONIALHERRSCHAFT

(1750–1947)

Die stärksten Rivalen der Briten in Indien waren nicht die schwachen Moghulkaiser, sondern konkurrierende europäische Handelsgesellschaften. Bis zur Mitte des 18. Jahrhunderts setzte sich jedoch die Britische East India Company als stärkste Handelsmacht in Indien durch – zuerst gegen Portugiesen und Holländer, zuletzt gegen die Franzosen, die sich 1754 zurückzogen. Durch die zunehmende Autonomie der East India Company, die eigenes Geld in Umlauf brachte und von allen Steuern befreit war, kam es zu Spannungen mit dem Nawab von Bengalen, Siraj ud-Daul, der schließlich 1756 die Niederlassungen der Briten in Kolkata besetzte. Durch eine Intrige gelang es den Briten, sie 1757 in der Schlacht von Plassey unter der Führung von Robert Clive zurückzuerobern. Nach einer weiteren Schlacht in Baksar 1764 gegen den neu eingesetzten Nawab und seine Verbündeten erhielten die Briten vom Moghulkaiser Alamgir II. das Recht, die

1639 wurde das Fort St. George als erste britische Festung und Handelsstützpunkt in Chennai an der Ostküste Indiens erbaut. Ein Teil der Anlage dient heute als Sitz der Regierung von Tamil Nadu.

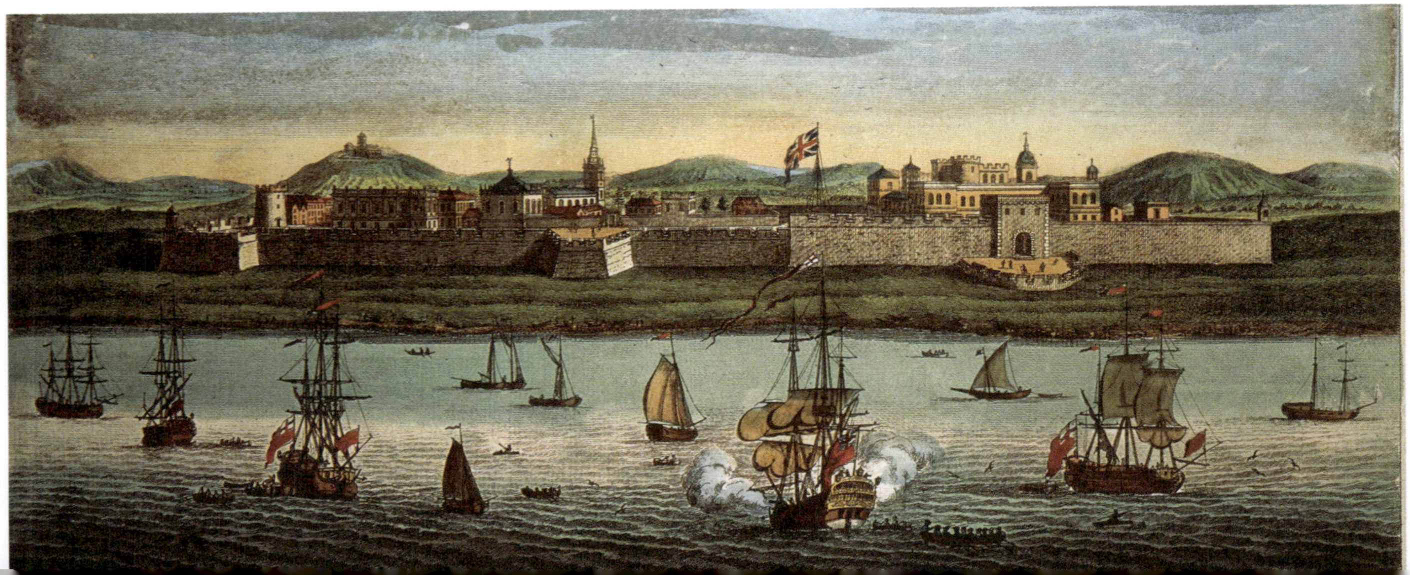

zivile Verwaltung zu übernehmen und Steuern einzuziehen. Damit wurden sie zur stärksten Macht im Osten Indiens.

Begünstigt durch den nie versiegenden Nachschub an finanziellen Mitteln aus dem Heimatland und die Steuereinnahmen, entwickelte sich die einstige Handelsgesellschaft schließlich zur Kolonialmacht. Warren Hastings, seit 1771 General von Bengalen und seit 1774 Generalgouverneur, dehnte den britischen Einflussbereich nach Westen aus, wobei er sich skrupellos in die inneren Angelegenheiten der einzelnen Staaten einmischte. Während der nächsten Jahrzehnte war die East India Company in eine Reihe von Kämpfen gegen die Marathen und die Herren von Mysore in Südindien verwickelt. Vor allem unter Lord Wellesley kam es zu wichtigen territorialen Gewinnen, bis 1803 der letzte große Gegner, der Marathen-Führer Baji Rao II., besiegt wurde. Alle Küsten und alle fruchtbaren Gebiete im Landesinneren befanden sich nun unter britischer Herrschaft (British Raj). Die indischen Fürstentümer waren zwar weitgehend selbständig, was ihre inneren Angelegenheiten betraf, außenpolitisch aber handlungsunfähig.

Zu Anfang war man noch auf die Zusammenarbeit mit den indischen Beamten angewiesen und hatte sich um Sprach- wie Landeskenntnisse bemüht (Hastings gründete 1784 die Asiatic Society in Kolkata und damit die wissenschaftliche Disziplin der Indologie). Doch spätestens unter dem Generalgouverneur Cornwallis wurden die Briten immer mehr zu reichen, arroganten Fremdherrschern, die ihr eigenes britisches Recht anwendeten und indische Beamte von verantwortlichen Positionen ausschlossen. Die industrielle Revolution in Europa Anfang des 19. Jahrhunderts führte zu einer weiteren Benachteiligung Indiens, das zum reinen Absatzmarkt für britische Waren degradiert wurde. 1813 wurde das Handelsmonopol der East India Company abgeschafft, und 1833 beschloss das englische Parlament, dass die Kompanie sämtliche Handelsgeschäfte einstellen sollte und nur noch ihre Herrschaftsfunktionen ausüben durfte. In den folgenden Jahren investierten die Briten nicht mehr nur in Baumwolle, Tee und Kaffee, sondern vor allem in die Eisenbahn. Englisch wurde Amtssprache, und Bengalen entwickelte sich zum Zentrum einer neuen, westlich geprägten Bildungsschicht. Der westliche Einfluss wurde besonders in der 1828 gegründeten hinduistischen Reformbewe-

Warren Hastings (1732–1818), der 1750 als Schreiber bei der East India Company in Kolkata begonnen hatte, übernahm 1774 als erster Generalgouverneur die Kontrolle über Indien.

gung Brahmo Samaj deutlich. Ihr gehörte u. a. auch Rabindranath Tagore an, 1913 der erste asiatische Nobelpreisträger für Literatur. Von der Anwesenheit der Briten in Indien zeugen bis heute Regierungsgebäude und Bahnhöfe im Kolonialstil, insbesondere in Kolkata und Mumbai, den Hauptsitzen der Britischen East India Company. Imposante Beispiele sind das Fort William (1773) und die St. Paul's Cathedral (1847) in Kolkata sowie der High Court (1871–1878) und der zentrale Bahnhof (1878–1888) in Mumbai, der seit 2004 zum Weltkulturerbe gehört. Die Kombination indischer Sujets mit westlicher Ästhetik kommt auch in den Ölgemälden Ravi Varmas (1848–1906) zum Ausdruck.

Doch die indische Bevölkerung war zunehmend unzufrieden mit der britischen Herrschaft. So kam es 1857 in Meerut zu einem Aufstand der Sepoys, indischer Soldaten in

Der bengalische Dichter und Philosoph Rabindranath Tagore (1861–1941) erhielt 1913 für seinen Gedichtband „Gitanjali" als erster asiatischer Autor den Nobelpreis für Literatur. Auf Reisen nach Europa und Amerika brachte er indisches Kultur- und Gedankengut in den Westen.

Die Zentrale der Western Railway im Churchgate-Viertel gehört zu den eindrucksvollsten viktorianischen Bauwerken in Mumbai.

Diensten der Briten. Äußerer Anlass war die Einführung eines neuen Gewehrtyps, dessen Munition mit Rindertalg und Schweineschmalz eingerieben wurde, was die religiösen Reinheitsvorschriften sowohl der hinduistischen als auch der muslimischen Soldaten verletzte. Dieses Ereignis zeigte beispielhaft den Mangel an Respekt und Einfühlungsvermögen seitens der britischen Offiziere. Es wurde 2006 in dem Film „The Rising – Aufstand der Helden" eindrucksvoll thematisiert. Die Soldaten wurden wegen Befehlsverweigerung verurteilt, erhoben sich gegen ihre Offiziere und zogen nach Delhi zum letzten Moghulkaiser Bahadur Shah II., den sie um Unterstützung baten. Delhi wie Lucknow blieben monatelang besetzt. Die Briten wurden in die Enge getrieben und konnten sich nur mithilfe ihnen treu ergebener Sikh-Truppen retten. Bald aber begannen sie, die besetzten Städte zurückzuerobern. Bei der Einnahme von Jhansi, einer Stadt in Nordindien, fiel 1858 die Rani von Jhansi. Sie galt seitdem als Ikone des Widerstands gegen die Fremdherrschaft, vergleichbar mit Johanna von Orléans in Frankreich.

Da die religiösen Reinheitsvorschriften indischer Soldaten missachtet wurden, begann 1857 der Sepoy-Aufstand gegen die britische Kolonialherrschaft. Schnell weitete er sich aus und führte zu Massakern auf beiden Seiten, woraufhin 1858 die East India Company aufgelöst und ihre Rechte der englischen Krone übertragen wurden.

Der Sepoy-Aufstand bedeutete das Ende der East India Company. Indien wurde danach Kronkolonie und damit Königin Victoria direkt unterstellt. Sie nannte sich seit 1876 auch Kaiserin von Indien, woran bis heute das 1921 erbaute Victoria Memorial in Kolkata erinnert. Die britische Herrschaft war fortan geprägt von immer mehr Bürokratie und geringer Einmischung in die inneren Angelegenheiten Indiens. Immer noch aber waren die Inder benachteiligt, und so gründete sich 1885 der Nationalkongress mit dem Ziel, mehr Mitbestimmungsrechte zu erreichen. Von diesem spaltete sich 1906 die Muslimliga unter ihrem Führer Tilak ab. Berühmte Persönlichkeiten in der Anfangsphase der Unabhängigkeitsbewegung waren unter anderen Aurobindo (1872–1950) und Annie Besant (1847–1933). Damals entstand auch eine religiöse Reformbewegung, die sich auf traditionelle hinduistische Werte besann und nationale Symbole hervorbrachte, wie etwa die bengalische Hymne „Bande mataram", die Muttergöttin und Heimatland pries. Prägender Vertreter der neuen Religiosität war Vivekananda (1863–1902).

Königin Victoria von England, hier auf einer Fotografie anlässlich ihres 60. Kronjubiläums, nahm 1876 den Titel „Kaiserin von Indien" an. Ihr zu Ehren wurde von 1906 bis 1921 das Victoria Memorial in Kolkata erbaut.

Zwar gab es inzwischen ein indisches Parlament, doch die Briten machten nur halbherzige Zugeständnisse. Wichtige Positionen blieben weiterhin in der Hand der Kolonialherren. Auch nach dem Ende des Ersten Weltkriegs wurden die Inder nicht für ihren militärischen Einsatz belohnt, sondern im Gegenteil ihre Rechte durch die Rowlatt-Gesetze noch weiter beschnitten. Im Protest dagegen tat sich insbesondere Mohandas (Mahatma) Gandhi hervor, der damals sein Konzept des passiven Widerstandes (*satyagraha*), entwickelte. In der Folgezeit kam es immer wieder zu Unruhen, die die britische Regierung teilweise mit Waffengewalt niederschlug. Ein Beispiel war das Massaker an unbewaffneten Demonstranten in Amritsar 1919. Gandhi rief daraufhin zum Boykott britischer Waren wie auch der ersten Wahlen in Indien auf. Als symbolisches Zeichen für die angestrebte Selbstverwaltung forderte er 1920 seine Landsleute auf, sich ihre Kleider selbst zu spinnen. 1930 protestierte er mit dem sogenannten Salzmarsch gegen das Salzmonopol der Regierung. Für diesen friedlichen, passiven Widerstand wurde Gandhi mehrmals inhaftiert. Ab 1929 war Jawaharlal Nehru neben Gandhi der Führer der Unabhängigkeitsbewegung, 1930 wurde er zum Vorsitzenden des Nationalkongresses gewählt.

Mit dem Ende des Zweiten Weltkrieges 1945 erreichten Nehru und Gandhi endlich die Unabhängigkeit Indiens. Nach einer kurzen Interimsregierung von Nehru und dem Führer der Muslimliga, Mohammed Ali Jinnah, kam es am 15. 8. 1947 zur Teilung des Subkontinents in die Staaten Indien und Pakistan entsprechend dem Mountbatten-Plan und zur endgültigen Machtübergabe durch die Briten.

Im Zuge des Boykotts britischer Waren forderte Mahatma Gandhi seine Landsleute dazu auf, ihre Baumwolle selber zu spinnen, und trat überall mit einem kleinen Spinnrad auf. Das als „Khadi" bezeichnete weiße, handgesponnene und handgewebte Baumwolltuch, in das sich Gandhi hüllte, wurde bald zu einem Kennzeichen seiner Gefolgsleute und gleichzeitig zum Symbol wirtschaftlicher Befreiung.

REPUBLIK INDIEN

(seit 1947)

Als Lord Mountbatten 1946 von der britischen Regierung als Vizekönig nach Indien entsandt wurde, um das Land bis 1948 in die Unabhängigkeit zu entlassen, hatten sich die Fronten zwischen Nationalkongress und Muslimliga bereits verfestigt. So mussten alle Versuche, Indien als eine Einheit zu erhalten, scheitern. Angesichts wachsender Unruhen entschloss sich Mountbatten, die Erklärung der Unabhängigkeit auf den 15. 8. 1947 vorzuziehen und das Land in zwei Staaten mit jeweils eigener Verfassung zu teilen. Die überwiegend muslimischen Provinzen sollten zu Pakistan gehören, die hinduistischen zu Indien. Probleme gab es in den Provinzen Punjab

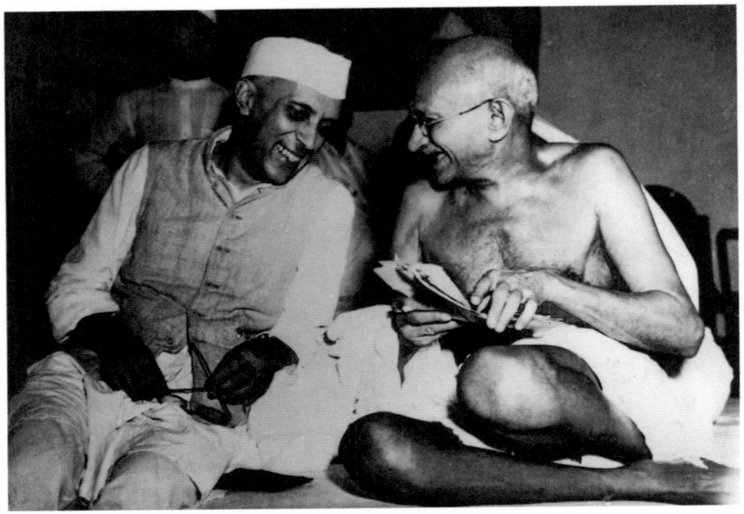

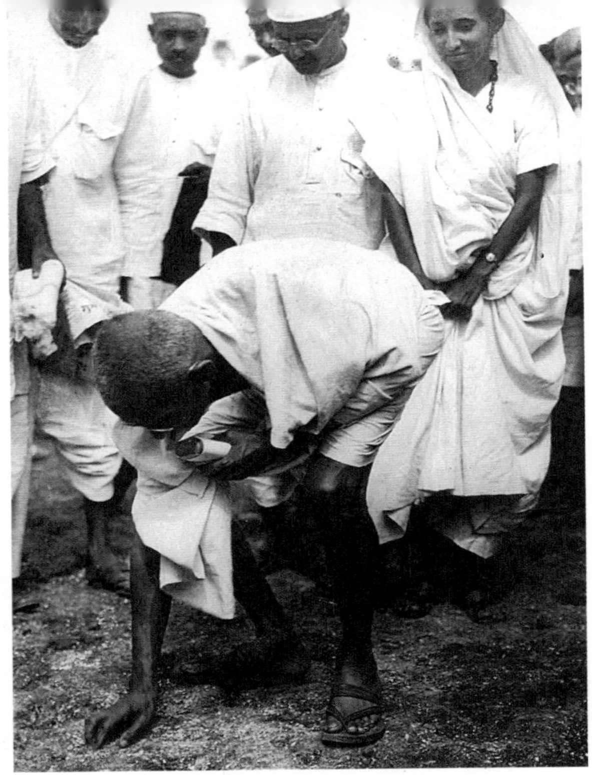

Zusammen mit Jawaharlal Nehru, dem Vorsitzenden des Nationalkongresses, führte Gandhi die indische Unabhängigkeitsbewegung an (links). Trotz Kritik aus den eigenen Reihen gelang es Gandhi, durch seinen gewaltfreien Widerstand und Aktionen wie dem „Salzmarsch" (oben), die Unzufriedenheit mit der englischen Verwaltung zu kanalisieren und in eine landesweite Bewegung zu verwandeln.

und Bengalen, die etwa zu gleichen Teilen von Hindus und Muslimen besiedelt waren. Deren Teilung hatte eine menschliche Tragödie ungeahnten Ausmaßes zur Folge: Über zehn Millionen Menschen mussten zwischen 1947 und 1950 aus ihrer Heimat fliehen, und vor allem in den Grenzgebieten wurden die jeweiligen Minderheiten Opfer brutaler Übergriffe. Diese kosteten etwa eine Million Menschen das Leben. Seither leben im östlichen Punjab (Indien) mehrheitlich Hindus und Sikhs, im westlichen Punjab (Pakistan) sowie im östlichen Teil von Bengalen (Ost-Pakistan, seit 1971 Bangladesh) fast ausschließlich Muslime.

Den unter indirekter britischer Herrschaft stehenden Fürstentümern wurde die Wahlfreiheit gelassen. Die meisten schlossen sich ohne zu zögern einem der beiden neuen Staaten an. Schwierigkeiten gab es mit der Integration der Fürstentümer Hyderabad und Kaschmir. Der Nizam von Hyderabad, ein Muslim, der über eine Mehrheit von Hindus herrschte, wurde schließlich 1948 von der indischen Armee mit Waffengewalt zum Anschluss gezwungen. In Kaschmir mit vorwiegend muslimischer Bevölkerung, aber hinduistischem König wurden von Pakistan nach und nach Truppen eingeschleust, woraufhin der König Indien um Unterstützung bat. Unter der Bedingung, der Union beizutreten, wurden Truppen zur Verteidigung Kaschmirs entsandt, was zum ersten Indisch-Pakistanischen Krieg führte. Als 1949 die Vereinten Nationen einschritten und einen Waffenstillstand vermittelten, bedeutete dies die Teilung Kaschmirs. Seitdem kam es zwischen Pakistan und Indien immer wieder zu Auseinandersetzungen um die Region.

Lord Mountbatten (Mitte) wurde von der britischen Regierung entsandt, um mit Nehru (links) und dem Führer der Muslimliga, M. A. Jinnah (rechts), die Details der Unabhängigkeit zu verhandeln. Am 15. 8. 1947 wurde der Vertrag unterzeichnet und das Land nach dem Mountbatten-Plan in die Staaten Indien und Pakistan geteilt.

Jawaharlal Nehru, der Führer der Kongresspartei und erster Premierminister des unabhängigen Indien, setzte auf eine demokratische und säkulare Politik, Blockfreiheit und Sozialismus.

Am 26. 1. 1950 trat die neue Verfassung der indischen Republik in Kraft, die einen föderalistischen Staat mit starken zentralistischen Elementen schuf. Die indischen Bundesstaaten wurden 1956 auf der Grundlage sprachlicher und kultureller Zugehörigkeit neu organisiert. Bis 1977 dominierte die Kongresspartei das politische Geschehen Indiens, der nun größten Demokratie der Welt.

Der erste Premierminister Jawaharlal Nehru setzte auf eine demokratische und säkulare Politik mit einem sozialistisch geprägten Wirtschaftssystem. Er stärkte die Rechte der Frauen und „Unberührbaren" und förderte die Bildung. Außenpolitisch vertrat Nehru die Blockfreiheit, doch während des Kalten Krieges tendierte Indien immer mehr zur Sowjetunion, Pakistan hingegen zu den USA und China. Auf die Beziehung zu China setzte auch Indien anfänglich große Hoffnungen. Bei dem Einmarsch chinesischer Truppen in Tibet 1950 hielt es sich zurück und erkannte Tibet in einem 1954 geschlossenen Vertrag als chinesisches Gebiet an. Mit der Flucht des Dalai Lama nach Indien 1959, wo er seitdem in Dharamsala im Exil lebt, begann die offene Konfrontation der beiden Staaten. Die Ansprüche Chinas auf die von Indien in Besitz genommene Region Aksai Chin im nordöstlichen Kaschmir führten schließlich 1962 zu einem kurzen Grenzkrieg, den Indien verlor.

Nach Nehrus Tod 1964 folgte Lal Bahadur Shastri, der 1965 Hindi zur Nationalsprache erklärte, woraufhin es vor allem in Südindien und Westbengalen zu Unruhen kam. So wurde die Drei-Sprachen-Regelung eingeführt, nach der Hindi, Englisch und die jeweilige Regionalsprache als offizielle Sprachen eines Bundesstaates gelten. Im selben Jahr brach der zweite Indisch-Pakistanische Krieg um Kaschmir aus, der 1966 mithilfe sowjetischer Vermittlung beendet wurde.

Lal Bahadur Shastri (Mitte), ein Veteran der indischen Unabhängigkeitsbewegung, wurde 1964 zum Premierminister gewählt.

Nach Shastris Tod 1966 übernahm Nehrus Tochter Indira Gandhi das Amt der Premierministerin. Der einsetzenden wirtschaftlichen Rezession begegnete sie mit der Verstaatlichung der Banken und Einstellung der Zahlungen des Staates an die Fürsten. Innerparteilich verdrängte sie ihre Konkurrenten und arbeitete zunehmend mit populistischen Maßnahmen wie der Wahlkampagne „Schlagt die Armut", die ihr 1971 eine Zweidrittelmehrheit einbrachte. Im selben Jahr unterstützte Indira Gandhi die bengalische Freiheitsbewegung und besiegte im dritten Indisch-Pakistanischen Krieg die (west)pakistanischen Truppen. Daraufhin wurde Ost-Pakistan als unabhängiger Staat Bangladesh anerkannt. Auch innenpolitisch griff sie hart durch, als wegen der steigenden Inflation und nach dem Vorwurf eines Wahlbetrugs der Protest gegen ihre Amtsführung immer stärker wurde. 1975 ließ sie den Notstand ausrufen, politische Gegner verhaften und Zwangssterilisationen zur Bekämpfung der Armut durchführen. Diese Angriffe auf eine freiheitliche Demokratie führten 1977 zu einer Wahlniederlage der Kongresspartei. Doch die Janata-Partei, die sich aus der früheren Oppositionskoalition gebildet hatte, war mehr mit internen Streitereien beschäftigt als mit dem Regieren, sodass Indira Gandhi bereits bei der nächsten Wahl 1980 erneut an die Macht kam. Auch ihre zweite Amtszeit war von inneren Unruhen und Aufständen geprägt. Als sich 1984 militante Sikhs im Goldenen Tempel in Amritsar verschanzten, ließ Indira Gandhi den Tempel von indischen Soldaten stürmen. Diesen Angriff auf das wichtigste Heiligtum der Sikhs musste sie mit ihrem Leben bezahlen. Noch im selben Jahr ermordeten sie zwei ihrer Sikh-Leibwächter.

Die Amtsnachfolge trat ihr Sohn Rajiv Gandhi an, der sich besonders für eine Liberalisierung der indischen Wirtschaft einsetzte. Doch schon bald überschatteten Korruptionsskandale seine anfänglichen Erfolge. 1989 verlor Rajiv die Wahlen und fiel 1991 einer tamilischen Selbstmordattentäterin zum Opfer.

Die Nehru-Gandhi-Familie spielt seit Jahrzehnten eine wichtige Rolle in der indischen Politik. Nehrus Tochter Indira Gandhi (oben) wurde 1966 Premierministerin. Nach einem tödlichen Attentat auf sie trat 1984 ihr Sohn Rajiv (linkes Bild ganz links) die Amtsnachfolge an, bis ihm 1991 das gleiche Schicksal widerfuhr.

Nach dem Zusammenbruch der Sowjetunion orientierte sich Indien wirtschaftlich und politisch mehr und mehr nach Westen. Dies zeigte sich 1991, als Narasimha Rao und sein Finanzminister Manmohan Singh angesichts einer schweren wirtschaftlichen Krise ein marktwirtschaftliches Reformprogramm einführten, das unter anderem eine Öffnung für ausländische Investoren vorsah. Zur gleichen Zeit erstarkte die Hindutva-Bewegung mit hindu-nationalistischen Parteien wie der BJP oder Shiv Sena. Zum Brennpunkt der religiösen Konflikte wurde die Babri-Moschee im nordindischen Ayodhya, die von dem ersten Moghulherrscher Babur – angeblich auf den Trümmern eines Rama-Tempels – erbaut worden war. Fromme Hindus glauben, dass sich hier die Geburtsstätte des Gottes Rama befände. 1992 wurde die Moschee von radikalen Hindu-Nationalisten zerstört, was im ganzen Land blutige Ausschreitungen mit Tausenden Toten nach sich zog. Vier Jahre später stieg die BJP zur größten Partei auf, doch erst 1998 konnte sich eine BJP-geführte Regierung unter Atal Bihari Vajpayee durchsetzen. Im selben Jahr ließ sie Nukleartests durchführen, und Pakistan zog wenig später nach. Gegen beide Atommächte wurden wirtschaftliche Sanktionen verhängt, doch die atomare Aufrüstung wurde fortgesetzt. Nach einem Terroranschlag auf das indische Parlament 2001 spitzte sich die Lage zu, und ein drohender Krieg konnte 2002 nur durch amerikanische Vermittlung abgewendet werden. In Gujarat kam es vor dem Hintergrund des Ayodhya-Konflikts erneut zu blutigen Krawallen, bei denen vor allem Muslime ums Leben kamen. Die BJP-Regierung von Gujarat musste sich daraufhin den Vorwurf gefallen lassen, nichts gegen die Gewalt unternommen zu haben.

Die indische Wirtschaft wuchs unter der BJP-Regierung rasant. Umso überraschender war 2004 der Wahlsieg der Kongresspartei unter Sonia Gandhi, der Frau des ermordeten

Der Kampf um die Babri-Moschee im nordindischen Ayodhya führt seit Anfang der 90er Jahre immer wieder zu Ausschreitungen und blutigen Massakern zwischen radikalen Hindus und Muslimen. Hindu-Nationalisten beanspruchen den Platz als angeblichen Geburtsort ihres Gottes Rama für sich, während die Muslime die zerstörte Moschee wieder aufbauen wollen.

1998 sorgten Nukleartests in der Wüste von Rajasthan für weltweite Empörung. Heute ist Indien eine anerkannte Atommacht und glaubt, dadurch erst Weltgeltung erlangt zu haben. Bei einer Parade werden die nach dem indischen Feuergott benannten Agni-Raketen, die auch nukleare Sprengköpfe tragen können, gefeiert.

Ein vielversprechendes Team lenkt derzeit die Geschicke des Landes: Der Premierminister Manmohan Singh (rechts) verfolgt eine liberale Wirtschafts- und versöhnliche Außenpolitik. Sonia Gandhi (links) trat ihm nach dem Wahlsieg 2004 das Amt ab. Sie wurde 2005 erneut zur Präsidentin der Kongresspartei gewählt, und Pratibha Patil (Mitte) ist seit 2007 als erstes weibliches Staatsoberhaupt Indiens im Amt.

Rajiv Gandhi. Sie konnte vor allem die arme Landbevölkerung, die nicht vom Wirtschaftsboom profitierte, für sich gewinnen. Die gebürtige Italienerin trat jedoch, um Auseinandersetzungen wegen ihrer Herkunft zu vermeiden, das Amt des Premierministers an den früheren Finanzminister Manmohan Singh ab. Die von ihm angestoßene wirtschaftliche Öffnung Anfang der 90er Jahre führte zu weitreichenden, auch sozialen, Veränderungen im Land – eine Entwicklung, die auch in Zukunft weitergehen wird. Außenpolitisch bemüht sich die neue Regierung um ein besseres Verhältnis zu Pakistan. So gibt es seit 2006 wieder eine Busverbindung zwischen dem pakistanischen und dem indischen Teil Kaschmirs. Auch die Beziehungen zu China verbesserten sich, sodass der seit 1962 geschlossene Nathu-La-Gebirgspass zwischen dem indischen Bundesstaat Sikkim und Tibet wieder geöffnet wurde. Seit Juli 2007 ist Pratibha Patil als erstes weibliches Staatsoberhaupt Indiens im Amt.

Im Zuge der Globalisierung und des rasanten wirtschaftlichen Aufstiegs ist Indien in den letzten Jahren vermehrt in das Licht der westlichen medialen Aufmerksamkeit gerückt. Neben Handelsbeziehungen ist auch der kulturelle Austausch intensiver geworden, sei es durch Bollywood-Filme, Ayurveda, Literatur oder Kunst. Doch es bleibt abzuwarten, welche Rolle Indien im globalen Staatenbündnis in Zukunft spielen wird.

Ein Zeichen der Annäherung zwischen den asiatischen Großmächten Indien und China war die Wiederöffnung des in über 4000 Meter Höhe gelegenen Nathu-La-Passes im Jahr 2006. Der Gebirgspass verbindet den indischen Bundesstaat Sikkim mit Tibet und war seit dem Indisch-Chinesischen Grenzkrieg 1962 geschlossen.

IM LAND DER HOCHPÄSSE

NORDINDIEN

60 Einleitung

66 Shrinagar

76 Amritsar

84 *Sikhismus*

86 Chandigarh

92 Shimla

98 Dharamsala

104 Leh

NORDINDIEN

Der Himalaya bildet die natürliche Grenze zwischen Nordindien – bestehend aus den Bundesstaaten Jammu und Kaschmir, Himachal Pradesh und Punjab – und dem Hochland Zentralasiens.

Im Westhimalaya liegt der indische Bundesstaat Jammu und Kaschmir, der geographisch und kulturgeschichtlich aus drei eigenständigen Regionen besteht: Jammu, dem Kaschmirtal und Ladakh. Einer alten Legende zufolge war das Kaschmirtal früher ein See, der vom Weisen Kashyapa ausgetrocknet wurde. Als Reste dieses Ursees gelten die großen Seen der Region, die im Norden vom Nanga Parbat und im Südwesten von der Pir-Panjal-Kette begrenzt werden. Im Herzen des Tales liegt Shrinagar, die Sommerhauptstadt von Jammu und Kaschmir. Die meisten der Einwohner Kaschmirs sind muslimisch, wobei der Islam hier seit jeher stark vom Sufismus beeinflusst war. Beliebte Anlaufpunkte für die Gläubigen sind die *darghas*, Grabmäler sufistischer Heiliger.

Der Himalaya trennt die Monsunzone Südasiens vom trockenen Hochland Zentralasiens (rechts). Nomadische Viehzüchter und Maultierkarawanen ziehen auf jahrhundertealten Routen durch die karge Berglandschaft (unten).

In seiner Frühgeschichte gehörte Kaschmir – wie auch andere Gebiete im nördlichen Indien – zum Maurya-, später zum Kushan-Reich und war ein blühendes Zentrum des Buddhismus. Im 14. Jahrhundert kam schließlich der Islam nach Kaschmir. Großmoghuln und afghanische Pathanen, Sikhs und Briten stritten in den folgenden Jahrhunderten um die Vorherrschaft. Bis heute ist Kaschmir umkämpft: Nach der Teilung Indiens 1947 kam es zu mehreren Kriegen zwischen Indien und Pakistan, da beide Staaten die Region für sich beanspruchen. Die politische Lage ist explosiv und es kommt immer wieder zu bewaffneten Aufständen.

Die Region Jammu erstreckt sich über die Täler der Shivalik-Gebirgskette. Sie lebt von Ackerbau, Viehzucht, Kunsthandwerk und Leichtindustrie. Die Dogra-Rajputen

bilden hier die Bevölkerungsmehrheit und die größte Hindu-Glaubensgemeinschaft im Bundesstaat. Im Gegensatz zum Kaschmirtal sind die meisten Bewohner von Jammu Hindus. Der Tempel Vaishno Devi als einer ihrer wichtigsten Wallfahrtsorte zieht jährlich Zehntausende von Pilgern an. Zu den Minderheiten gehören verschiedene Clans islamischer Rajputen.

Ladakh, circa 3000 Meter über dem Meeresspiegel gelegen, umfasst das Gebiet um den mittleren Oberlauf des Indus. Die natürliche Grenze zu Kaschmir bildet der Hauptkamm des Himalaya, zu dem die Zanskar-Gebirgskette fast parallel verläuft. Kernregion ist das Industal, wo auch größere Orte wie Leh, Shey und Basgo liegen. Der nördliche Teil der Region gehört seit 1949 zu Pakistan.

Wie archäologische Funde bezeugen, war Ladakh schon in der Bronzezeit von nomadischen Viehzüchtern bewohnt. Vom 7. Jahrhundert an gehörte es dann zum tibetischen Großreich, bis es unter König Nyimagön um 930 unabhängig wurde. Die weitaus meisten Ladhakhis hängen bis heute dem tibetischen Buddhismus an; buddhistische Klöster wie Lamayuru oder Alchi zählen zu den wichtigsten kunsthistorischen Stätten des Landes. In den großen ländlichen Gebieten des dünn besiedelten Distrikts werden Gerste, Weizen und Hülsenfrüchte angebaut, wobei die extremen Klimaverhältnisse die Landwirtschaft stark einschränken. Im Regenschatten des Himalaya gelegen, gibt es Wasser nur entlang des Indus und an den Bächen, die das Schmelzwasser aus den Bergen ins Tal bringen.

Himachal Pradesh, das „Land der Schneeberge", liegt inmitten des Himalaya auf einer Höhe zwischen 350 und 7000 Metern. Erst seit 1971 ist Himachal Pradesh ein eigener Bundesstaat. Hindus dominieren hier das religiöse Leben. Von ihren Kultstätten sind

Das Feuer gilt als irdische Verkörperung des Gottes Agni. Deshalb spielt es bei religiösen Riten im Hinduismus eine herausgehobene Rolle (links). Im Buddhismus sind die Rituale dagegen schlichter. Gebetsmühlen sind mit Gebetstexten befüllt und werden gedreht, um diese zur Wirkung zu bringen (oben).

besonders die monolithischen Tempel von Masrur in Kangra berühmt. Der Buddhismus ist vor allem in den Regionen von Spiti und Lahaul verbreitet.

Weite Teile der waldreichen Region stehen unter Naturschutz. Vor allem in den Nationalparks leben viele seltene Tierarten. Aber auch wenn die spektakuläre Bergwelt zu einem beliebten Reiseziel geworden ist und der Tourismus einen beträchtlichen Anteil an der Wirtschaft des Bundesstaates hat, sind dessen Haupteinnahmequellen doch Landwirtschaft und Leichtindustrie. Wasserkraftwerke liefern Energie weit über die Grenzen des Bundesstaats hinaus.

Der Bundesstaat Punjab erstreckt sich vom Shivalik-Vorgebirge über den Ostteil der Indusebene bis zur Thar-Wüste im Südwesten und dem Ganges-Tiefland im Osten. Zusammen mit dem Bundesstaat Haryana, der im Osten durch den Fluss Yamuna begrenzt wird, und der pakistanischen Provinz Punjab bildete er das historische „Fünfstromland" im Delta der Induszuflüsse Jhelum, Chenab, Ravi, Beas und Sutlej. Von historischer Bedeutung ist neben den alten Königsstädten Patiala und Kapurthala die Stadt Panipat in Haryana. Hier besiegte der timuridische Feldherr Babur 1526 den letzten Sultan von Delhi und etablierte damit die Herrschaft der Moghuln in Indien. Im 16. Jahrhundert gründete Guru Nanak hier die Religionsgemeinschaft der Sikhs, die 1801 im Punjab ihr eigenes Reich mit Lahore als Hauptstadt ins Leben riefen. Aber schon 1849 annektierten die Briten das Gebiet. 1947 wurde der Punjab zwischen Indien und Pakistan geteilt: Der westliche, muslimisch dominierte Teil Punjabs fiel an Pakistan, der östliche, hinduistisch geprägte an Indien. Nach der Teilung kam es immer wieder zu Spannungen und grausamen Übergriffen zwischen den Religionsgemeinschaften. 1966 kam es zu einer weiteren Teilung: Der hindisprechende östliche Teil des indischen Punjab wurde zum Bundesstaat Haryana. Gemeinsame Hauptstadt von Haryana und Punjab ist Chandigarh.

In den 1960er Jahren war der Punjab ein Zentrum der von der Weltbank geförderten „Grünen Revolution". Ziel war es, die Versorgung der Bevölkerung mit Nahrungsmitteln sicherzustellen. Mit neuen Anbaumethoden sollten die Erträge gesteigert werden, was auch gelang. Doch der Preis war hoch: Umweltzerstörung durch Pestizide und Kunstdünger sowie eine verstärkte Abhängigkeit von ausländischen Saatgut-Konzernen.

Die Nähe zu Pakistan sorgt für eine starke Militärpräsenz, vor allem in den Gebieten entlang der Waffenstandslinie (oben). Indische Sikhs haben jedoch die Möglichkeit, ihre heiligen Orte in Pakistan wie den Nankanda Sahib, den Geburtsort Guru Nanaks, ihres ersten Gurus, zu besuchen (links).

Einst war Shrinagar aufgrund seiner vielen Seen ein beliebter Ferienort (oben). Doch nach den Unruhen der letzten Jahre leidet die Region heute unter einem massiven Rückgang des Tourismus. Die heruntergekommenen Häuser (rechts) vermitteln einen Eindruck von den Problemen der Stadt.

SHRINAGAR

Im Zentrum des von Schneebergen gesäumten Kaschmirtales liegt Shrinagar, die Sommerhauptstadt des Bundestaates Jammu und Kashmir (im Winter sitzt die Landesregierung in Jammu) mit rund einer Million Einwohner.

Die Altstadt Shrinagars mit ihren zahlreichen Kanälen zieht sich an beiden Ufern des Flusses Jhelum entlang. Dieser wird von sieben alten Brücken, „Kadal" genannt, überspannt. Der Nava-Kadal wie auch die Shah-Hamadan-Moschee am östlichen Ufer sind herrliche Beispiele für die traditionelle kaschmirische Holzbauweise. Im Osten Shrinagars liegt der malerische Dal-See, auf dem sich die hölzernen Hausboote drängen, für die die Stadt weithin bekannt ist. Der Nagin-See, wenige Kilometer entfernt, ist hingegen berühmt für seine schwimmenden Gärten.

Gegen Ende des 6. Jahrhunderts an einer Karawanenstraße gegründet, entwickelte sich die Stadt schnell zu einem wichtigen Handels- und Kulturzentrum. Das traditionsreiche Kunsthandwerk Shrinagars wird bis heute weltweit geschätzt. Die hinduistischen Dynastien Karkota, Utpala und Lohara regierten das Kaschmirtal bis ins 14. Jahrhundert. Parallel vollzog sich vom 12. Jahrhundert an langsam die Islamisierung des Landes. 1339 gründete Shah-Mir eine islamische Dynastie, die zwei Jahrhunderte lang über Kaschmir herrschte und das Stadtbild stark veränderte. Die Jama Masjid, die bedeutendste Moschee der Stadt, wurde unter anderem in dieser Zeit erbaut. Das Verhältnis zwischen Hindus und Muslimen war jedoch nicht immer friedlich: Während der Herrschaft des Sultans Sikandar Shah (1389–1413) flüchteten viele Hindus aus dem Land, um einer Zwangsbekehrung zu entgehen. Am Ende des 16. Jahrhunderts übernahm der Moghulkaiser Akbar die Macht.

Die Moghuln schätzten das kühle Klima und die Seenlandschaften Kaschmirs und verbrachten hier oft die heißen Sommermonate. Sie machten Shrinagar zu einer Gartenstadt, indem sie kunstvolle, geometrische Terrassengärten mit Brunnen und künstlichen Kanälen anlegen ließen. Der Shalimar-Garten etwa wurde 1619 vom Moghulkaiser Jahangir für seine Frau Nur Jahan in Auftrag gegeben. Und 1632 entstand am Rande des Dal-Sees der berühmte Nishad Bagh, der „Garten der Freude". Die verfeinerte Gartenkunst der Moghuln war – wie in der ganzen islamischen Welt – von den koranischen Schilderungen des Paradiesgartens inspiriert.

Seinen Ruf als friedlicher Erholungsort hat Shrinagar inzwischen verloren. Der Kaschmir-Konflikt, der vor allem auf die verhängnisvolle Teilung des indischen Subkontinents im Jahr 1947 zurückzuführen ist, hat auch Shrinagar stark betroffen. Die politische Situation ist unsicher; entlang der Waffenstillstandslinie zwischen Indien und Pakistan brechen immer wieder Kämpfe aus. Hinzu kommen bewaffnete Angriffe von Separatisten, die von Pakistan unterstützt werden, denen neben indischen Soldaten und Polizisten auch immer wieder Zivilisten zum Opfer fallen. Auch die indische Armee nimmt bei der Bekämpfung der Separatisten, die sie als Terroristen bezeichnet, wenig Rücksicht auf die einheimische Bevölkerung, die so zum eigentlich Leidtragenden des Kaschmir-Konflikts wurde.

Die Fluss- und Seenlandschaften Shrinagars bieten den Bewohnern Erholung von der Sommerhitze (oben). Doch auch der Alltag findet auf dem Wasser statt, wenn an den Ufern des Dal-Sees schwimmende Märkte abgehalten werden (links).

Die Bewohner des Kaschmirtals sind zu 95 Prozent muslimisch. Viele Hindus haben Kaschmir nach der Eskalation der Gewalt 1998 verlassen. Nicht zuletzt die Frauen hoffen auf eine friedliche Lösung des Konflikts (rechts, während einer Veranstaltung der Präsidentin der Indischen Kongresspartei Sonia Gandhi). Die Waffen-Manufakturen jedoch machen in der angespannten Situation gute Geschäfte (oben).

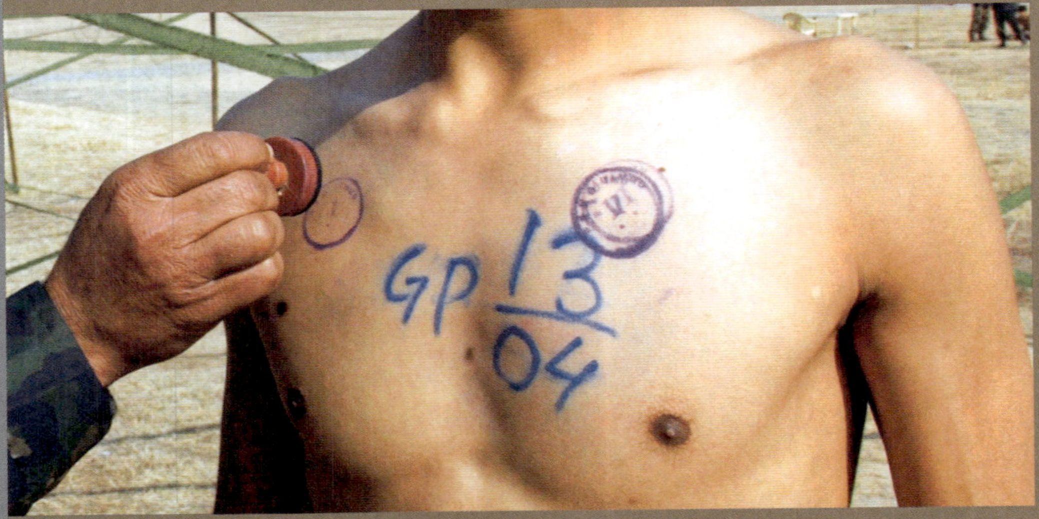

Die indische Armee rekrutiert junge, kräftige Kaschmiris für die indischen Streitkräfte in der Konfliktregion (oben). Sie werden in einem Militärstützpunkt nahe Shrinagar ausgebildet (rechts). Die Armee kämpft um die Kontrolle Kaschmirs, wo die Anschläge radikaler Separatisten immer wieder Opfer fordern (rechte Seite links). Teile der Region sind vermint (rechte Seite rechts).

CORNER
WATCHES

In der Hazratbal-Moschee in Shrinagar (ganz rechts) wird ein Barthaar Mohammeds aufbewahrt. Während des feierlichen Gebets am Geburtstag des Propheten wird die kostbare Reliquie unter Aufsicht indischer Polizisten den Gläubigen gezeigt (oben und rechts).

AMRITSAR

An der Grand Trunk Road, einer der ältesten Fernstraßen Asiens, liegt Amritsar, nur 25 Kilometer von der pakistanischen Grenze entfernt. Mit mehr als einer Million Einwohnern gehört die Stadt zu den größten Städten im Bundesstaat Punjab.

Amritsar wurde 1577 von Ram Das, dem vierten Guru der Sikhs, auf einem von Moghulkaiser Akbar verliehenen Stück Land gegründet. Den bedeutendsten Beitrag zur Stadtentwicklung leistete jedoch der fünfte Guru Arjun Dev mit der Errichtung des Harmandirs, bekannt auch als Goldener Tempel, der zur wichtigsten Pilgerstätte der Sikhs wurde.

Um den Tempel herum entstand die Stadt Amritsar, die schnell zu einem betriebsamen Zentrum des Kunsthandwerks und des Handels mit landwirtschaftlichen Produkten wurde. Die Entwicklung Amritsars ist eng verbunden mit der Geschichte der Sikhs, die nicht immer friedlich verlief. Guru Arjun Dev starb als Märtyrer, zu Tode gefoltert im Auftrag Kaiser Jahangirs. Dieses Ereignis bewirkte einen dramatischen Wechsel in der Entwicklung des Sikhismus und seiner Stadt. Gezwungen, sich gegen die Repressalien des Moghulkaisers Jahangir zur Wehr zu setzen, wurde die ursprünglich gewaltlose Sekte zunehmend kriegerisch.

Guru Har Gobind, der Nachfolger Guru Arjun Devs, begann 1609 mit dem Bau eines weiteren, das Stadtbild dominierenden Bauwerks: Der Akal Takht, der „zeitlose Thron", sollte als Sitz der

Der Goldene Tempel von Amritsar liegt in der Mitte des „Nektar-Teiches" (links) und spiegelt sich in dem ruhigen Gewässer. Für Sikhs ist diese Spiegelung ein Symbol der Synthese von spirituellen und weltlichen Aspekten der menschlichen Existenz.

Der Harmandir ist das wichtigste Heiligtum der Sikhs (oben). Hier werden Gebete und religiöse Zeremonien abgehalten und aus dem heiligen Buch der Glaubensgemeinschaft, dem Guru Granth Sahib, vorgelesen (rechts).

politischen Macht der Sikhs dienen. Sein Emblem sind zwei Schwerter, die politische und spirituelle Macht symbolisieren.

Im frühen 19. Jahrhundert befestigte Maharadscha Ranjit Singh die Stadt mit dem Gobindgarh Fort und einer Doppelmauer; Amritsar wurde nach Lahore zur zweiten Hauptstadt des Sikh-Reiches.

Nach ihrer Annektierung des Sikh-Reiches im Jahr 1849 entwickelten auch die Briten großes Interesse an Amritsar und modernisierten es: 1862 fuhr die erste Eisenbahn von Lahore nach Amritsar und 1892 wurde das Khalsa College eröffnet. Wenige Jahre später geschah etwas, das als Massaker von Amritsar in die Geschichte einging. Am 13. April 1919 wurden friedliche, Unabhängigkeit fordernde Demonstranten von einer Abteilung englischer Soldaten und Gurkhas unter dem Kommando von Sir Reginald Dyer ohne Vorwarnung niedergeschossen. Offiziell kamen dabei 379 Menschen ums Leben, wahrscheinlich waren es aber mehrere tausend. Ein Denkmal für die Opfer des Massakers steht im Jallianwala Bagh, einem Garten in der Nähe des Goldenen Tempels.

Heute ist Amritsar eine moderne Handelsstadt mit internationalem Flughafen. Eine Universität sowie mehrere Colleges ziehen zahlreiche junge Leute in die Stadt. Der alte Stadtkern beherbergt das Kulturerbe der vergangenen Jahrhunderte und ist nach wie vor ein Ort der Spiritualität sowie geschäftiger Betriebsamkeit. Alte Gassen sind traditionell nach Handelsgütern organisiert. So findet man Stoff-, Teppich- und Silberhändler jeweils in einer eigenen Straße. Der Goldene Tempel bezaubert ganz besonders während des Diwali-Festes, wenn er mit Tausenden von kleinen Lichter illuminiert ist.

Massenhochzeiten sind in Amritsar wie auch in anderen Großstädten Indiens eine übliche Praxis. Viele sozial schwache Familien können das Geld für eine Hochzeit nicht aufbringen und lassen ihre Kinder in von der Regierung unterstützten Massenhochzeiten heiraten. Bis zu hundert Paare finden sich zu diesen feierlichen Ereignissen zusammen, festlich gekleidet und geschmückt.

STD·ISD·PCO
GURBANI CASSETTES
Coca-Cola

Auf den Straßen der Altstadt von Amritsar herrscht ein buntes Treiben. Das übliche Verkehrsmittel ist immer noch die Fahrradrikscha (links). Die Sikhs sind an ihrer typischen Kopfbedeckung – dem Turban der erwachsenen Männer (rechts) und dem Patka der Jungen (oben) – zu erkennen.

SIKHISMUS

Die Religionsgemeinschaft der Sikhs wurde im 15. Jahrhundert von Guru Nanak (1469–1539) im Punjab begründet. Heute macht sie circa zwei Prozent der indischen Bevölkerung aus.

Guru Nanak distanzierte sich von Hinduismus und Islam und lehnte heilige Schriften, Rituale, die Kastenordnung sowie die Verehrung von Bildern ab. Er war überzeugt, dass es nur einen einzigen, unergründlichen und gestaltlosen Gott gibt, dessen Wille sich in der Schöpfung manifestiert. In der Meditation über den Namen Gottes sah er einen Erlösungsweg aus dem Kreislauf der Wiedergeburten. Die Sikhs (Punjabi für „Schüler") verstanden sich als eine Bruderschaft unter geistiger Führung ihres Lehrers, des Gurus. Frauen waren gleichberechtigte Mitglieder. Mit der Zeit entwickelten sich die Sikhs zu einer starken religiösen, politischen und ab dem 17. Jahrhundert auch militärischen Macht im Punjab. 1699 gründete Guru Gobind Singh, der letzte der insgesamt zehn Sikh-Gurus, den Khalsa-Orden. Dessen Mitglieder waren an den „fünf K's" zu erkennen: *kesh*, unbeschnittenes Haar, *kangha*, ein Kamm, *kara*, ein eiserner Armring, *kacch*, kurze Hosen, und *kirpan*, ein Dolch. Typische Merkmale aller männlichen Sikhs sind hingegen der Turban und der Nachname „Singh" („Löwe"). Nach dem Tod Guru Gobind Singhs wurde die Guruwürde auf den Guru Granth Sahib, die gesammelten Schriften der Gurus, übertragen. Das Buch wird in Gurdwaras (Gebetsstätten) aufbewahrt und gelesen. Der Harmandir, der „Goldene Tempel" in Amritsar, ist der heiligste Ort und wichtigstes Pilgerziel der Sikhs.

Nach der Unabhängigkeit Indiens verlangten die Sikhs mehr Autonomie. In den 1980er Jahren kam es im Punjab zu einem bürgerkriegsähnlichen Konflikt. Nachdem im Jahr 1984 Indira Gandhi den Harmandir hatte stürmen lassen, wurde sie von einem ihrer Sikh-Leibgardisten ermordet. Den darauf folgenden Pogromen fielen Tausende Sikhs zum Opfer. Die Situation stabilisierte sich erst wieder 1993.

Die Sikhs verehren ihr heiliges Buch, den Guru Granth Sahib (oben), wie einen lebenden Guru. Ihre kriegerische Tradition wird zu bestimmten Anlässen besonders betont (rechts). Viele Sikhs praktizieren heute noch die alte Kampfkunst, den Gatka (unten).

CHANDIGARH, auch „City Beautiful" genannt, entstand erst nach der Teilung Indiens 1947. Der indische Teil des Punjab brauchte ein Verwaltungszentrum, da seine historische Hauptstadt Lahore jetzt zu Pakistan gehörte. Keine bestehende Stadt entsprach den hohen Anforderungen, die an eine neues administratives und kulturelles Zentrum gestellt wurden. Alle Städte waren mit Flüchtlingen aus Pakistan überfüllt und die nötige Infrastruktur war nicht vorhanden. Da beschloss die indische Regierung, eine neue, moderne Hauptstadt zu bauen. Der Schweizer Architekt Le Corbusier erhielt 1950 den Auftrag, einen Plan für diese Stadt zu entwerfen. Er stützte sich dabei auf Vorarbeiten des amerikanischen Architekten Albert Mayers. Die neue Stadt sollte nach den Worten des damaligen Ministerpräsidenten Jawaharlal Nehru von alten Traditionen befreit sein und den Glauben der Nation an die Zukunft repräsentieren. Als Standort für die neue Stadt wurde ein Gelände am Fuße der Shivalik-Bergkette ausgewählt. Die ansässige Landbevölkerung musste umgesiedelt werden. Ihren Namen erhielt sie von einem nahegelegenen Tempel der Göttin Chandi.

Als sich 1966 der hindisprechende Ostteil des Punjab als neuer Bundesstaat Haryana vom Rest des Punjab abspaltete, wurde Chandigarh zur Hauptstadt beider Bundesstaaten, untersteht aber selbst als sogenanntes Unionsterritorium der Zentralregierung in Neu-Delhi.

Die Hauptattraktion der von Le Corbusier geplanten jungen Stadt sind die modernen Bauten des Regierungsviertels. Die monumentalen Anlagen bestehen aus rohem Sichtbeton (links). Ein weiterer städtebaulicher Höhepunkt ist der Rock Garden, ein Landschaftskunstprojekt von Nek Chand (rechts).

Chandigarh gilt weltweit als herausragendes Beispiel der architektonischen Avantgarde der 1950er Jahre. Das Konzept Le Corbusiers orientierte sich am menschlichen Körper. Der Kopf wird durch den Capitol Komplex am Nordende der Stadt repräsentiert, wo die Regierung ihren Sitz hat. Den Rumpf des Stadtkörpers bildet das rasterförmig angelegte Wohngebiet. Das Herz der Stadt schlägt im Geschäftsviertel, als Lungen dienen die großflächigen Parkanlagen, und die Hand ist das Industriegebiet. Für den „Kreislauf" sorgt das hierarchisch angelegte Straßensystem. Die durchnummerierten Wohnsektoren wurden als selbständige Einheiten geplant: Jeder Sektor hat ein eigenes Einkaufszentrum, eine Schule und eine medizinische Einrichtung. Die Wasser- und Stromversorgung der Stadt ist für indische Verhältnisse einmalig. Dennoch wird Le Corbusiers Leistung international oft kritisiert: Sein westliches Konzept sei den indischen Verhältnissen und Lebensgewohnheiten zu wenig angepasst. Die Stadt war ursprünglich für 500 000 Menschen ausgelegt, doch die Einwohnerzahl ist inzwischen fast auf das Doppelte gestiegen. Einige Dörfer in der Umgebung der Stadt haben sich zu illegalen Slums entwickelt – ein Problem, das Chandigarh mit allen indischen Großstädten teilt.

Den Lebensunterhalt zu verdienen ist in Chandigarh keine leichte Aufgabe: Die Lebenshaltungskosten in der „City Beautiful" sind hoch. Viele Einwohner arbeiten in Ziegeleien (rechts). Trotz einiger Förderprogramme ist das Problem der Kinderarmut noch nicht gelöst (links).

DBS

Kricket gehört zu den beliebtesten Sportarten in Indien (links), das seit 1926 die volle Mitgliedschaft im Weltkricketverband (International Cricket Council) genießt. Die internationalen Spiele im Mohalistadion von Chandigarh versetzen das ganze Land in einen emotionalen Ausnahmezustand (oben). Das von den Engländern eingeführte Spiel ist auf dem ganzen Subkontinent verbreitet und beschäftigt zahlreiche lokale Manufakturen (linke Seite).

Die Hill Station Shimla ist bis heute stark vom Architekturstil der einstigen Kolonialherren geprägt. Sie errichteten hier Wohnhäuser, Kirchen und andere öffentliche Gebäude nach europäischem Muster (oben und rechts).

SHIMLA

Im Vorgebirge des Himalaya, an der südlichen Grenze des Bundesstaates Himachal Pradesh, liegt Shimla. Die Hauptstadt von Himachal Pradesh ist nach einer Erscheinungsform der Göttin Kali benannt: Syamala Devi, die „blaue Göttin". Die Briten entdeckten die Region während eines Feldzugs gegen die Gurkhas in den Jahren 1814 bis 1816. Sie fanden schnell Gefallen an der malerischen Landschaft und dem angenehm kühlen Klima der Gegend und errichteten hier einige Erholungsorte, die sogenannten Hill Stations. Shimla galt wegen seiner besonders günstigen Lage als die „Königin" dieser Hill Stations. Die Stadt liegt auf einem Berggrat, der sieben mit Zedern, Eichen und Rhododendron bewaldete Hügel verbindet. 1822 baute sich der Offizier Charles Kennedy hier ein Landhaus und gab damit den Startschuss für die Entwicklung Shimlas zur Sommerhauptstadt Britisch Indiens. Innerhalb weniger Jahrzehnte entstand eine ganze Reihe weiterer Bauwerke im viktorianischen Stil, darunter auch die beeindruckende Residenz des Vizekönigs von Indien, Lord Dufferin. Die 1857 eingeweihte Christ Church ist eine der ältesten protestantischen Kirchen in Nordindien. 1864 wurde Shimla offiziell zum Sommersitz der britischen Verwaltung. Um der Kolonialgesellschaft den Weg ins kühle Paradies zu erleichtern, wurde 1903 eine Eisenbahnstrecke von Kalka nach Shimla gebaut. Den Einheimischen blieb der Zugang zur Mall, der Hauptpromenade der Stadt, bis ins 20. Jahrhundert verboten. Inzwischen lustwandeln hier Hochzeitspaare und indische Touristen. Am

RIPON HOSPITA

Scandal Point, einer Straßenkreuzung der Mall, steht heute ein Denkmal für den Unabhängigkeitskämpfer Lala Lajpat Raj. Der sich an die Mall anschließende Lakkar-Basar ist berühmt für das hier angebotene Kunsthandwerk aus Wolle.

Das Stadtbild ist bis heute weitgehend vom westlichen Architekturstil geprägt und strahlt kolonialen Charme aus. Zusätzlich machen seine vielen Sanatorien und Sporteinrichtungen Shimla zu einem beliebten Erholungsort. Vor allem in den Sommermonaten ist die Stadt von Touristen überfüllt. Auf dem höchsten Punkt der Stadt auf 2455 Meter Höhe liegt der Hanuman geweihte Jakhoo-Tempel. Der göttliche Held des altindischen Epos Ramayana suchte im Himalaya nach dem Heilkraut Sanjivini, um Lakshmana, den tödlich verwundeten Bruder Ramas, zu retten. Einer alten Legende zufolge kam Hanuman während seiner Suche auch auf den Jakhoo- Hügel. Die Besucher des Tempels sollten sich jedoch vor den Affen in Acht nehmen: Noch heute genießt die zahlreiche Verwandtschaft des Affengottes hier ein unbeschwertes Leben. Vom Tempel aus bietet sich ein herrlicher Fernblick auf die schneebedeckten Gipfel des Himalaya und auf die Stadt.

Das gemäßigte Klima und die malerischen Landschaften der Region locken bis heute Urlauber an. Sie bummeln über den Lakkar-Basar (links) oder genießen die winterliche Idylle (rechts).

Die landschaftliche Schönheit der Gegend ist einzigartig. Auf einem mondsichelförmigen Bergkamm gelegen, bietet Shimla einen Rundblick über die faszinierende Bergwelt des Himalaya.

DHARAMSALA

Im westlichen Himachal Pradesh, am Fuße der mächtigen Dhauladhar-Gebirgskette im Kangra-Tal, liegt Dharamsala. Die Briten annektierten die Region im Jahre 1848 und machten Dharamsala zum Quartier des britischen Regiments. Später bauten sie in der Nähe eine „Hill Station", die ihnen Zuflucht vor der Sommerhitze bot. Sie bestand aus zwei kleinen Ortschaften: McLeod Ganj, nach David McLeod, dem Gouverneur des Punjab, benannt, und Forsyth Ganj. Aus dieser Zeit ist nur noch die St. John's Church erhalten. 1905 zerstörte ein Erdbeben die gesamte Stadt und riss Tausende von Menschen in den Tod.

Ein neues Kapitel in der Geschichte von Dharamsala begann 1960, als der 14. Dalai Lama, geistiges Oberhaupt der Tibeter, nach seiner Flucht aus dem chinesisch besetzten Tibet hier eine neue Heimat fand. Ihm folgten mehrere tausend Tibeter. In McLeod Ganj wurde eine tibetische Exilregierung aufgebaut und eine Reihe von Klöstern und Tempeln errichtet. Deshalb wird Dharamsala auch „Little Lhasa" genannt. Zu den wichtigsten Einrichtungen, die das religiöse und kulturelle Erbe Tibets zu bewahren versuchen, gehören das Institut für tibetische Medizin und die Tibetische Bibliothek mit einer reichen Sammlung alter Manuskripte.

Als Exilsitz des 14. Dalai Lama (rechts) erlangte Dharamsala große Bedeutung für Buddhisten in aller Welt. Wenn er nicht auf Reisen ist, gibt der Dalai Lama hier öffentliche Audienzen. Im neuen Nechung-Kloster (links) wird die seit dem 17. Jahrhundert überlieferte Tradition des Staatsorakels weiter gepflegt.

Für die Flüchtlinge aus Tibet

ist Dharamsala die erste Anlaufstation (links). Die Neuankömmlinge haben einen lebensgefährlichen Marsch über den Himalaya-Hauptkamm hinter sich. Protestierend gegen die chinesische Tibetpolitik, gehen die Exiltibeter auf die Straße. Plakate mit Forderungen nach einem freien Tibet, Nationalfahnen und Bilder von den Opfern in Tibet prägen das Stadtbild (oben und rechts).

Der 17. Karmapa Ugyen Trinley Dorje (rechts) ist das Oberhaupt der buddhistischen Karma-Kagyü-Schule und nach dem Dalai Lama einer der wichtigsten religiösen Führer der Tibeter. Seit seiner Flucht aus Tibet 1999 residiert er im Gyuto-Kloster in Dharamsala (oben) und setzt seine Ausbildung in der buddhistischen Lehre fort.

Die Miss Tibet wird seit 2002 jährlich in Dharamsala gewählt (oben) und nimmt für ihr Land an internationalen Schönheitswettbewerben teil – was die chinesische Regierung fortgesetzt zu verhindern sucht.

LEH Am Oberlauf des Indus auf 3500 Meter Höhe liegt Leh, die frühere Hauptstadt des alten Königreichs von Ladakh. Die gewaltige Ladakh-Bergkette dient der Stadt als spektakuläre landschaftliche Kulisse. Ein beeindruckendes Zeugnis von der Macht der Herrscher von Ladakh legt der neunstöckige alte Königspalast von Leh ab. Er wurde im frühen 17. Jahrhundert am Fuße des Tsemo-Berges erbaut. Ladakh wurde damals von der mächtigen Namgyal-Dynastie beherrscht. Der legendäre „Löwenkönig" Sengge Namgyal (1595–1642) dehnte sein Reich auf die Regionen Zanskar und Spiti aus und ließ zahlreiche Gompas, buddhistische Klöster, errichten.

Heute ist Leh die Hauptstadt des Distriktes Ladakh, Teil des Bundesstaates Jammu und Kaschmir. Das kulturelle und religiöse Leben in Leh und den umliegenden Siedlungen ist heute wie schon seit Jahrhunderten vom tibetischen Buddhismus geprägt. Besonderen Einfluss hat die buddhistische Schule der Drigung-Kagyüpa. Muslime bilden die zweitgrößte Bevölkerungsgruppe. 1983 wurde in Leh ein ökologisches Zentrum gegründet mit dem Ziel, die Bewohner des Landes mit umweltfreundlicher Solarenergie zu versorgen.

Einige Kilometer von Leh entfernt liegt das Dorf Choglamsar. Dort befindet sich das TCV (Tibetan Children's Village), in dem über 1200 Kinder aus Flüchtlingsfamilien leben.

Die Oasen in der rauen Berglandschaft Ladakhs beschränken sich auf das fruchtbare Industal. Auf einem Hügel über der Hauptstadt Leh thront das buddhistische Tsemo-Kloster. Gebetsfahnen wehen davor im Wind (links). Der Großteil der Bevölkerung lebt von Landwirtschaft und Viehzucht (rechts).

Viele Ladakhis leben traditionell als Nomaden und betreiben Viehwirtschaft (links). Sie ziehen mit ihren Herden von einem Weideplatz zum anderen und schlagen in den entlegenen Seitentälern des Indus ihre Zelte auf (unten). Lokale Heiler kurieren körperliche Krankheiten wie auch psychische Störungen nach der rituellen Heiltradition der tibetischen Medizin (rechts).

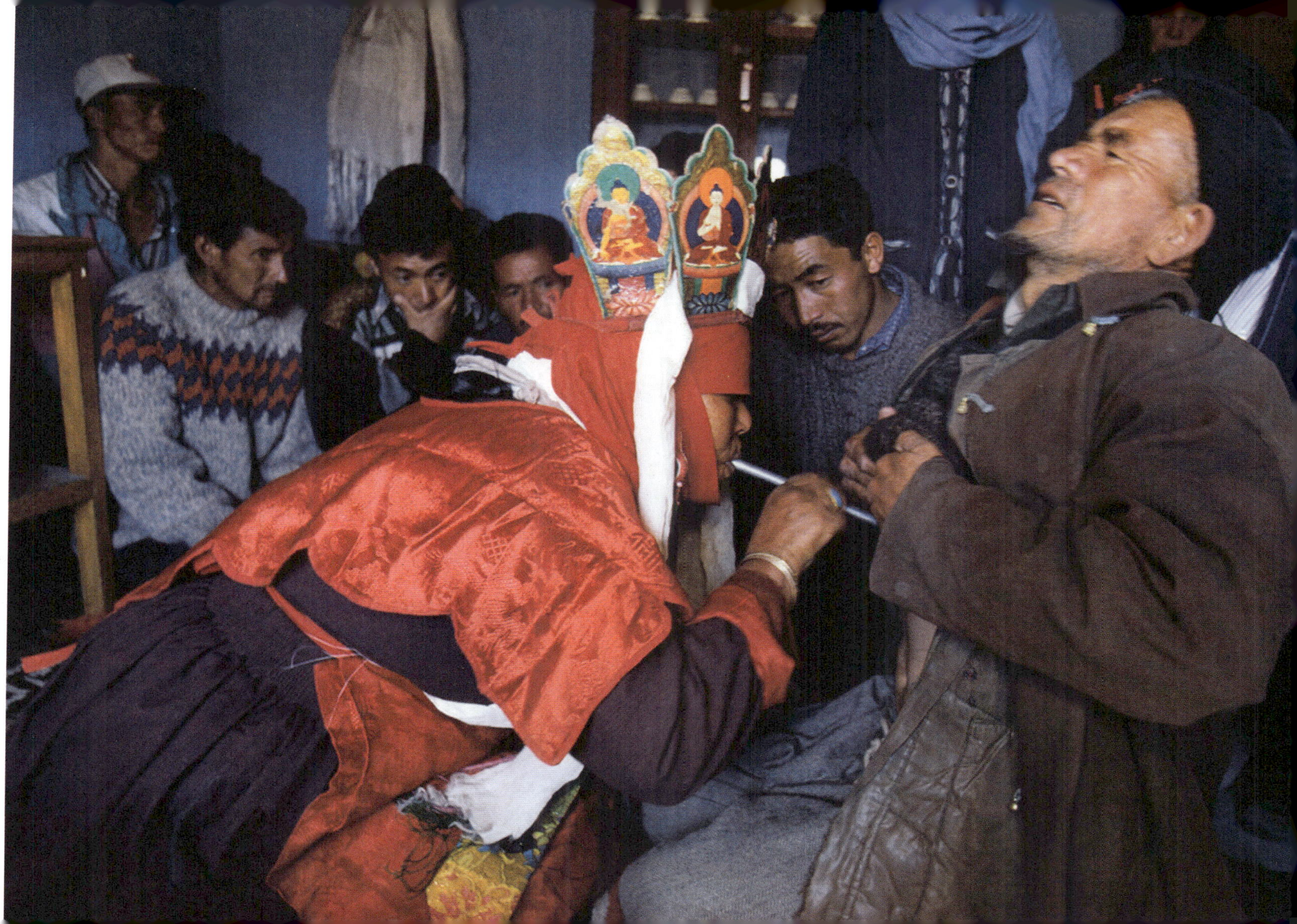

In all ihrer Sprödigkeit ist die Berglandschaft der Hochebene von Ladakh doch faszinierend. Nur wenige Pflanzenarten können den extremen klimatischen Bedingungen standhalten.

EIN MÄRCHEN MIT ZUKUNFT

NORDWEST-INDIEN

112	Einleitung
118	Delhi
136	Fotostory
158	*Wahlen in Indien*
160	*Islam in Indien*
162	Agra
174	Jaipur
184	Udaipur
188	Jodhpur
192	Jaisalmer
196	Ahmedabad
200	Junagadh
204	*Jainismus*

Die IT-Branche beschäftigt junge Spezialisten unterschiedlichster Herkunft vor allem für Marktforschung und Rechnungswesen. In Callcentern werden 24 Stunden hindurch Kunden rund um den Globus betreut.

NORDWESTINDIEN

Zwischen den Flussniederungen des Punjab im Westen und dem Ganga-Yamuna-Becken im Osten liegen Haryana, Delhi und einige Distrikte von Uttar Pradesh. Dieses Gebiet diente im Lauf der Geschichte vor allem als Tor zur Gangesebene und konnte kaum eine eigene Identität entwickeln. Nur die Dynastien der Kurus im 2. Jahrtausend v. Chr. und der Vardhanas im 6. Jahrhundert brachten es zu überregionalem Einfluss. Während in Delhi und Uttar Pradesh die im 12. Jahrhundert durch die Sultane von Delhi begründete und von den Moghuln zur Blüte gebrachte muslimische Kultur bis heute in imposanten Bauwerken fortlebt, bleiben Haryana fast nur Erinnerungen an lang vergangene Schlachten. Zusätzlich droht dem hindisprachigen Gebiet der Hindus erneut die Überfremdung, diesmal durch Sikhs und deren Sprache Punjabi.

Doch in jüngster Zeit ist die Region wieder aus dem Schatten der Geschichte herausgetreten. Um die Metropole Delhi zu entlasten und zu versorgen, wurden in den umliegenden Bundesstaaten Sonderwirtschaftszonen eingerichtet, in die Geld und Knowhow fließen. In neu entstehenden Satellitenstädten wie Gurgaon und Faridabad in Haryana oder Noida und Ghaziabad in Uttar Pradesh arbeiten gut ausgebildete Fachkräfte in Bürotürmen und hoch technisierten Betrieben vor allem der IT-Branche, aber auch in der Autoindustrie, im Maschinenbau oder in der Elektronikindustrie. Doch hat die rasante Entwicklung auch negative Auswirkungen wie Umweltzerstörung und steigende Preise.

Ganz anders liegen die Verhältnisse in Rajasthan. Die schwierigen Lebensbedingungen in den Aravalli-Bergen und der Wüste Thar schützten die Region in der Vergangenheit vor Eroberungen und zwangen Fremde, sich der örtlichen Lebensweise anzupassen. Das taten auch die zahlreichen Rajputen-Clans, die – vermutlich im 5. Jahrhundert – im Gefolge der Hunnen aus Afghanistan einwanderten und sich im Nordwesten Indiens verbreiteten. Um ihre hohe soziale Stellung in der neuen Heimat zu untermauern, ließen sie sich im 1. Jahrtausend in die Kastengesellschaft eingliedern und traten seitdem als strenge Hüter der Traditionen auf. Ihr Sittenkodex führte später sogar zur Übernahme der islamischen Etikette, sodass die *pardah*, die Geschlechtertrennung,

Frauen in Rajasthans traditionellen Haushalten bis heute die Freiheit zur Selbstentfaltung nimmt. Überall in Rajasthan sieht man an Festungstoren Handabdrücke von Kriegerfrauen, die *jauhar*, eine rituelle Selbstverbrennung, durchführten, bevor ihre Männer in eine letzte aussichtslose Schlacht zogen. Auch Sati, die „freiwillige" Witwenverbrennung, wird immer noch hoch geschätzt. Ihre Tapferkeit und Wehrbereitschaft machte die Rajputen zu gesuchten Bündnispartnern der Moghulkaiser. Allerdings bestraften die Moghuln jedes Streben nach Unabhängigkeit erbarmungslos. Die Ruinen der von Kaiser Akbar im 17. Jahrhundert zerstörten Festung Chittor zeugen davon.

Im Land der Prinzen scheint in weiten Bereichen die Zeit stehen geblieben zu sein. Die entmachteten Fürsten pflegen ihre Schlösser und Burgen und wandeln sie in Luxushotels um. Kunsthandwerk und vor allem Tourismus haben so an Bedeutung gewonnen, dass die Zerstörung der Landschaft durch Zementfabriken und den Marmorabbau jetzt langsam ins Visier der Entwicklungspolitiker gerät.

Grundlegend anders ist die Situation im Bundesstaat Gujarat. Bestimmend für die Geschichte dieser Region waren die zahlreichen natürlichen Häfen, von denen aus seit dem 3. Jahrtausend v. Chr. der Handel mit Mesopotamien, Arabien und

Der Straßen- und Dammbau genießt im Nordwesten Indiens zur Verbesserung der Infrastruktur derzeit höchste Priorität. Wo das Geld knapp ist, werden wie in der Landwirtschaft auch für schwere Arbeiten vorwiegend Frauen eingesetzt. Das Beschäftigungsgesetz (National Rural Employment Guarantee Bill) von 2005 garantiert auch Frauen als Familienernährern 100 Tage Arbeit im Jahr für knapp zwei US-Dollar am Tag.

später Afrika betrieben wurde, der die Region reich machte. So lief etwa der Warenaustausch zwischen Rom und Zentralindien über den Hafen Bharuch in der Flussmündung des Narmada.

Die meisten Eroberer Indiens und alle indischen Dynastien, die in Nord- oder Zentralindien herrschten, sicherten sich die Herrschaft über diese Häfen. Manchmal gelang es auch einem ihrer Statthalter, sich unabhängig zu machen, und neue Fürstentümer entstanden. So gründete der Statthalter des Sultans von Delhi und Agra im 15. Jahrhundert sein eigenes Sultanat von Gujarat. Die Hauptstadt Ahmedabad galt damals als eine der schönsten Städte der Welt. Dass Kaiser Akbar später im 17. Jahrhundert als Strafe für den Abfall der Provinz eine Pyramide aus den abgeschlagenen Köpfen von 2000 Hindus errichtete, ist bei Hindunationalisten bis heute unvergessen, genau wie die wiederholte Zerstörung des Tempels von Somnath, der im 20. Jahrhundert zum bisher letzten Mal wieder aufgebaut wurde. Gujarat wurde zu einem Zentrum des Widerstands gegen die Muslime und später gegen die Briten, die schon im 17. Jahrhundert – im Verein mit den Portugiesen – den Baumwollhandel an sich gerissen hatten und von Surat aus das Hinterland plünderten. Zu Ehren des aus Gujarat stammenden Vorkämpfers für die nationale Selbstbestimmung nannte man nach der Unabhängigkeit Indiens die neue Hauptstadt Gandhinagar.

Archaisch mutet das Leben in Rajasthan bisweilen an. Die Pracht vergangener Tage (rechts der Palast von Amber) kontrastiert zu heutigen Lebensbedingungen: Lasten von 15 bis 20 Kilogramm tragen Frauen auf dem Kopf, die Wasser vom Brunnen in ihr entlegenes Dorf transportieren (links).

Noch heute kann der Wohlstand der Kaufleute an ihren reichen Schenkungen an Klöster und Tempel abgelesen werden. Die Tempelberge von Girnar und Shatrunjaya mit ihren Tausenden von Schreinen und die Marmortempel vom Mount Abu sind beredte Zeugnisse für die Prosperität der Religionsgemeinschaft der Jainas.

Dass Gujarat heute so erfolgreich ist, verdankt es wieder der Investitionsfreude seiner Unternehmer. Ein Beispiel dafür ist, dass New Yorker Jainas große Teile der weltweiten Diamantschleiferei (kleine und mittlere Steine) von Belgien und Israel nach Indien verlagerten. Auch nutzen Bombays Gujarat-stämmige Jainas und Parsen die von der Lokalregierung neu eingerichteten Gewerbegebiete des 450 Kilometer langen Industriegürtels entlang der Küste zur Gründung neuer Betriebe vor allem im Bereich der Petroindustrie. Im 1957 eröffneten Tiefseehafen Kandla wird Rohöl aus den Fördergebieten vor der Küste angelandet.

Dvaraka ist eine der ältesten Hafenstädte in Gujarat: Die Ursprünge der schon im Nationalepos Mahabharata erwähnten Stadt Krishnas gehen auf das 2. Jahrtausend vor Christus zurück.

METROPOLE DER HOFFNUNGEN

DELHI

GIOR

DELHI, das als „Nationale Hauptstadtregion" zu keinem Bundesstaat gehört, ist eine der ältesten Städte der Welt. Das legendäre Indraprastha, von dem das Nationalepos „Mahabharata" erzählt, war vermutlich eines seiner Vorläufer. Archäologisch nachweisbar ist die Stadt aber erst seit der Herrschaft der Mauryas (4.–2. Jh. v. Chr.). Vom 7. Jahrhundert bis zum Einfall der Afghanen im 12. Jahrhundert wurde Delhi von Rajputen beherrscht.

1206 bezog der muslimische Feldherr Qutb ud-Din Aibak das Fort seines Hindu-Vorgängers Prithiviraj und ließ die Säulen von 27 Hindutempeln in seiner Siegesmoschee verbauen. Das von ihm ausgerufene Sultanat von Delhi bestand mehr als 300 Jahre, bis 1526 die von Babur gegründete Moghul-Dynastie an die Macht kam. Diese herrschte mit kurzer Unterbrechung bis 1803, als die Briten die Regierung übernahmen. Der letzte Moghulkaiser Bahadur Shah II. wurde 1858 nach Burma deportiert.

Ähnlich wie in Rom prägen zahlreiche Ruinen das moderne Stadtbild von Delhi. Durch hohe Mauern bewehrte Forts und riesige Enklaven, die Sultanen und Moghulkaisern als Residenzen dienten, werden als die sieben Städte

Das Häusermeer der Altstadt mit ihren vielen kleinen Straßen und Gassen (rechts) lässt sich am besten vom Minarett der Jama Masjid aus überblicken. Viele mittellose Menschen (links) finden sich bei der Moschee ein, um dort um Almosen zu bitten. Im Übrigen jedoch ist Alt-Delhi vor allem von Angehörigen der mittleren Kasten bewohnt.

Delhis bezeichnet. Die jüngste von ihnen ist das von Kaiser Shah Jahan 1638 gegründete Shahjahanabad, das heutige Alt-Delhi, mit dem Roten Fort, der Jama Masjid und den orientalischen Basaren.

Mit der im Februar 1931 eingeweihten Hauptstadt Neu-Delhi setzten die britischen Kolonialherren die Tradition der Städtegründungen fort. Die Architekten Lutyens und Baker bezogen Grabbauten aus acht Jahrhunderten muslimischer Herrschaft in ihre Planungen ein und versahen die neue Stadt so mit einer schmückenden Patina. Heute nutzen die zwölf Millionen Bewohner der Stadt die Grünanlagen rund um die mittelalterlichen Bauten für Spaziergänge, Picknicks oder zum Joggen.

Auch 50 Jahre nach der Unabhängigkeit ist Neu-Delhi eine Gartenstadt mit vorwiegend niedriger Bebauung. Aber die Lücken zwischen Alt- und Neu-Delhi sind längst geschlossen. Auch im Süden der Stadt und am gegenüberliegenden Yamuna-Ufer sind inzwischen Siedlungen entstanden. Archäologen und Denkmalschützer kämpfen oft vergeblich gegen die landhungrige Bauindustrie. Die Bebauung erfolgt stets in zusammenhängenden Wohngebieten mit eigenen Märkten, Serviceeinrichtungen, Clubs, Sportanlagen und Discos. Der Name eines Wohngebiets verrät Status oder Herkunft seiner Bewohner: So wohnen im Panjabi Bagh Flüchtlinge aus dem Punjab und in Daryaganj Muslime. Man bleibt unter sich und schützt sich nicht nur in den Arealen der Superreichen wie Defence Colony oder Vasant Vihar durch Mauern und Wachschutz.

Um den Verkehrskollaps zu vermeiden, hat die Regierung nun grünes Licht für Hochhäuser innerhalb des Stadtgebiets gegeben. So entstehen jetzt vielstöckige Gebäude neben dem kolonialen Geschäftszentrum am Connaught Place. Über fünf Millionen

Die Regierungshauptstadt Neu-Delhi wurde von ihren britischen Architekten mit schnurgeraden Straßen versehen, die sich an sternförmigen Plätzen treffen. Große Rasenflächen umgeben die Regierungsgebäude und ziehen sich entlang der Paradestraße Jan Path hin bis zum Indiagate. Wenn Staatsgäste kommen, findet ein Wachpolizist (links), der die Straße absperrt, hier keinen natürlichen Schatten.

Im Schatten der Erfolgreichen mit ihren klimatisierten Büros und schnellen Wagen (rechts) leben die Armen. Behausungen, die Investoren im Wege sind, fangen auffällig leicht Feuer. Dann werden ein paar Hundert Rupien und einige Meter Plastikplane für behelfsmäßige Obdächer verteilt (oben), und wieder kann ein neuer Baukomplex für die, die es sich leisten können, entstehen.

Fahrzeuge verstopfen bereits Delhis Straßen und verschmutzen die Luft. Daher wurde der öffentliche Nahverkehr auf Erdgas umgestellt, und die U-Bahn befördert auf den ersten 70 Kilometern bereits täglich 600 000 Pendler. Bis zu den 2010 stattfindenden Commonwealth Games soll das Netz fertiggestellt sein.

Delhi ist vor allem ein Umschlagplatz für landwirtschaftliche Produkte und ein Handels- und Dienstleistungszentrum, aber auch viele Betriebe der Konsumgüterindustrie, der IT-Branche und der Automobilindustrie sind hier angesiedelt. Daneben genießt traditionelles Handwerk wie Elfenbeinschnitzerei und Perlstickerei, Textil- und Juwelierkunst auch bei jungen Leuten wachsendes Ansehen. Es wird in immer neuen Geschäften und auf Kunst- und Ethno-Märkten wie Hauz Khas Vilas oder Dilli Haat angeboten.

Delhi ist eine moderne Metropole mit fünf Universitäten, vielen Forschungseinrichtungen, Akademien und Kulturinstituten. Auf dem Pragati Maidan neben dem Fort des Kaisers Humayun und im India Expo Center der Satellitenstadt Noida werden international beachtete Messen ausgerichtet. Westliche Theaterstücke und Konzerte sind genauso Teil des kulturellen Angebots wie traditionelle indische Musikdarbietungen, Tanzvorführungen und Puppentheater.

GOPALDAS

Grabmale gibt es in Delhi im Überfluss, doch kaum eines ist baulich so ausgewogen wie das des Kaisers Humayun, der im 16. Jahrhundert bei einem Treppensturz ums Leben kam. Mit seiner gepflegten Gartenanlage wurde es zum Vorbild für alle späteren Mausoleen der Moghulherrscher und gehört bis heute zu den beliebtesten Ausflugszielen der Stadt.

An der Mauer des Roten Forts, von der die Kaiser sich einst dem Volk zeigten und wo 1947 die Unabhängigkeit Indiens ausgerufen wurde, begeht die Nation jährlich am 15. August den Unabhängigkeitstag (ganz rechts). Das Fort aus dem 17. Jahrhundert mit seinen hohen roten Mauern und den schattigen Räumen hinter durchbrochenen Steinfenstern (rechts und oben) ist ein Sinnbild des vorkolonialen Indien.

Der Rang Mahal (links) war der wohl prächtigste Saal von Shah Jahans Fort. Fünf Fenster erlaubten den Blick über den Fluss Yamuna. Sie sorgten ebenso wie das durch die Länge des Raumes zu einem marmornen Springbrunnen führende Wasserbecken für Kühlung. Seinen Namen „Farbenpalast" erhielt der Rang Mahal aufgrund der einst farbigen Bemalung seiner Wände und Decken. Die Intarsienmuster des Brunnens finden sich in der Ausgestaltung des Bades (oben) im Palastkomplex wieder.

Millionen Fahrzeuge stehen fast täglich in der Rush Hour still. Auch der Bau der U-Bahn hat die Straßen der Stadt bisher nicht wesentlich entlasten können. Machtlos sehen Polizisten zu, wie Fahrradrikschas und Karren sich mit ungeheuren Lasten im Schneckentempo ihren Weg bahnen, Fußgänger und Radfahrer jede Lücke im Gewühl nutzen und Ampeln unbeachtet ihre Farbe wechseln.

Der Chandni Chowk Market (folgende Doppelseite) wurde im 17. Jahrhundert als Basar-Viertel Alt-Delhis gegründet. Er erstreckt sich über mehr als 400 Gebäude.

डा. वेद साहब का हस्पताल
किराना कमेटी दिल्ली के चुनाव में 25.11.08 शनिवार को दलाल प्रतिनिधि
के प्रत्याशी आपके अपने कर्मठ, निर्भीक, शालीन एवं दलालों के हित अभिलाषी
मनोज अग्रवाल B. 1 No.
(सुपुत्र श्री राजेन्द्र अग्रवाल गोंद वाले, पूर्व दलाल प्रतिनिधि)
को अपना अमूल्य वोट व सहयोग देकर सफल बनाये

Fully A/C
Sukh
Sagar
Restaurant
100% Pure Vegetarian
FREE HOME DELIVERY
यादगार
तंत्र मंत्र हवन
जागरण पूजापाठ
P.P.
Jewellers
शनिवार 13 जनवरी 2007
श्री कृष्ण मंदिर

AMAR CHAND BHATI
AUTORIKSCHAFAHRER, DELHI

06:30 Bevor ich den Arbeitstag starte, gehe ich zum nahe gelegenen Tempel, um zu beten.

07:00 Meine Nachbarn helfen mir manchmal dabei, die Rikscha morgens in Gang zu bekommen.

Schon während meiner Schulzeit bin ich Rikscha gefahren, um mir meine Bücher und die Schuluniform zu finanzieren und mir etwas Taschengeld zu verdienen. Eine spezielle Ausbildung habe ich nicht gemacht, sondern mir alles selber beigebracht und mit der Zeit eine Menge Erfahrung gesammelt.

„Leute aus aller Welt kennenzulernen und mit ihnen über die indische Kultur, das Wetter oder Politik zu reden, ist das Interessanteste an meinem Job."

Ich bin verheiratet und habe eine vierjährige Tochter. In unserem Haus leben wir aber noch mit meinen Eltern, meinem Bruder und dessen Familie zusammen. Mein Bruder ist auch Rikschafahrer. Unser Einkommen ist je nach Saison unterschiedlich, aber es reicht, um in einem schönen Haus in einem guten Viertel im Norden Delhis zu wohnen. Damit gehören wir sogar schon zur Mittelschicht.

Um unseren Kindern eine möglichst gute Bildung zu finanzieren und ihnen dadurch eine gute Zukunft zu sichern, arbeite ich viel und bemühe mich, meine Kunden zufrieden zu stellen. Meistens fahre ich Touristen zu Restaurants, Läden oder zu ihrem Hotel. Aber manchmal werde ich auch für eine ganztägige Sightseeing-Tour gebucht und zeige meinen Kunden die schönsten Plätze und die besten Einkaufsmöglichkeiten der Stadt. Gelegentlich gibt

9:45 Touristen aus England haben mich gleich für einige Stunden bezahlt, damit ich mit ihnen eine Stadtrundfahrt durch Neu-Delhi mache.

14:30 Am berühmten India-Gate habe ich mich mit einigen meiner Kollegen zur Mittagspause verabredet.

19:55 Nachdem wir zusammen etwas für die Schule gelernt haben, zeige ich meinem Neffen, wie ich die Lämpchen an unserem Hausaltar als Opfer für die Götter entzünde.

es Probleme mit der Sprache. Aber ich lerne viel von ihnen und verdiene gutes Geld. Wenn ich dann von meinen Kunden an ihre Freunde und Bekannten weiterempfohlen werde, ist das eine schöne Bestätigung meiner Arbeit.

Abends kümmere ich mich um die Kinder, helfe ihnen bei den Schulaufgaben und gehe meiner Frau zur Hand. Uns ist es wichtig, unsere Kinder religiös zu erziehen. Gebannt schauen sie zu, wenn ich mich vor unseren Hausaltar setze und ihnen Geschichten aus der reichen Götterwelt des Hinduismus erzähle. Wenn dann noch Zeit bleibt oder am Wochenende spiele ich gern Kricket in einem der zahlreichen Parks in Delhi.

20:30 Oft fahre ich nachts noch eine Extratour – aber erst nachdem ich die Kinder ins Bett gebracht habe und das Abendessen gegessen habe, das meine Frau in der Zwischenzeit gekocht hat.

Orientalischer Charme zeichnet auch das heutige Indien aus. Obwohl die Ethnokunst längst ein veritabler Industriezweig geworden ist, so sind die bestickten Textilien aus Rajasthan, die die Straßenhändlerinnen auf Delhis Pflaster ausbreiten (links), wie auch die Kunst der Schlangenbeschwörer und Feuerschlucker nicht nur Grüße aus früheren Zeiten. Traditionelle Produkte und Fertigkeiten werden auch von modernen Städtern Indiens geschätzt.

Die Jama Masjid ist ein Ort der Ruhe und des Gebets: Wo freitags und an Feiertagen bis zu 25 000 Menschen – arm und reich – nebeneinander beten, erholen sich alltags die Bewohner Alt-Delhis vom Lärm der Großstadt. Im 17. Jahrhundert unter Kaiser Shah Jahan in nur sieben Jahren erbaut, ist sie die größte Moschee Indiens und dominiert mit ihren zwei 43 Meter hohen Minaretten Alt-Delhi.

Orte der Einkehr Delhi hat für jeden Glauben eine Stätte. Am Schrein des Sufi-Heiligen Nizam ud-Din (13.–14. Jahrhundert) wollen nicht nur Muslime durch Gebet und Anhören religiöser Gesänge Gott schauen (links und oben): Die Suche nach der Wahrheit führt Menschen aller Nationalitäten und Klassen auch im modernen Lotos-Tempel (rechts) zusammen. Er wurde 1986 im Auftrag der aus dem schiitischen Islam hervorgegangenen Religionsgemeinschaft der Bahai erbaut.

Heilige Kühe werden in Delhi immer seltener. Die Stadtverwaltung bemüht sich inzwischen darum, umherstreifende Kühe, die im Abfall nach Nahrung suchen, von den Straßen zu entfernen. Die Verehrung der Kuh ist in Indien älter als der Hinduismus selbst. Kühe symbolisieren das Leben und werden daher nicht getötet. Sie spenden Milch, aus der Butter und Sauermilch gewonnen werden – wichtige Bestandteile der Opfergaben an die Götter. Kuhmist dient als Dünger und Brennmaterial und der Urin zum Desinfizieren des Lehmbodens in den Hütten. Kühe, die keine Milch geben, sind tagsüber oft sich selbst überlassen. Die meisten kehren aber abends zu ihren Besitzern zurück.

Koloniales Erbe Wenn Indiens Staatspräsidentin Smt. Pratibha Devisingh Patil von der alljährlichen Republic Day Parade am 26. Januar (oben) in ihren festlich erleuchteten Präsidentenpalast (links) zurückkehrt, dann gehört der Rasen um das India Gate wieder den Kricketspielern (rechts). Es heißt, die Briten hätten in Indien protzige Bauten, die Liebe zu Paraden und dem Kricketspiel hinterlassen – und nicht zuletzt die Demokratie.

Der Connaught Place mit seinen Kolonnaden war das elegante Einkaufsviertel des kolonialen Neu-Delhi. Auch heute noch befinden sich hier teure Geschäfte, jedoch machen klimatisierte Malls ihm zunehmend Konkurrenz. Nicht endende Bauarbeiten für die U-Bahn, einen mehrstöckigen unterirdischen Basar und ein vielgeschossiges Geschäftszentrum in der Nähe der denkmalgeschützen Bauten lassen seit Jahren potente Kunden abwandern.

Thomas Cook
Thomas Cook
Thomas Cook
Novex
Taj SHOES
X'ESS
Taj SHOES
JAIN BOOK AGE
OMEGA
MEHRASONS
DL 6C 8519

Wie Inseln in der großen Stadt liegen die Wohngebiete der Reichen, abgeschirmt von der Hektik der Umgebung. Wer es sich leisten kann, pflegt hier einen westlichen Lebensstil (ganz links). Man trifft sich im Club und treibt dort Sport oder lässt sich in schicken Boutiquen die neueste Mode präsentieren (links Rohit Bal, Indiens führender Modedesigner, mit Models). Wer unterwegs an etwas anderes denken will als an den chaotischen Verkehr, leistet sich einen Fahrer.

Traditionsbewusste Künstler wie Ravi Shankar und seine Tochter Anushka (ganz rechts) füllen die Konzertsäle Delhis. Die modernen Künste sind in der islamisch geprägten Stadt noch vergleichsweise unpopulär. Doch wächst das Interesse insbesondere der gebildeten Mittelschicht, sodass Galerien und Auktionshäuser einen wachsenden Markt bedienen.

Die Kehrseite des Wachstums Nicht nur im Winter nimmt der Rauch unzähliger Kohlefeuer (oben) neben Industrie- und Autoabgasen den Bewohnern von Delhi die Luft. Auch das Wasser des Yamuna gleicht trotz einer 350-Milionen-Dollar-Investition in Kläranlagen bisweilen einer Kloake (rechts). Viele Familien leben von der Trennung des Hausmülls auf den unzähligen Deponien der Stadt. Die Müllsammler (links) beliefern die Recycling-Industrie mit Wiederverwertbarem, während ihr Vieh sich von den organischen Stoffen ernährt.

Wahlmaschinen mit ihren versiegelten Bauteilen für jeweils 600 Stimmen könnten ein neuer indischer Exportschlager werden. Ihre Klaviatur bietet Platz für 64 Kandidaten.

WAHLEN IN INDIEN

Indien ist die größte Demokratie der Welt. Alle fünf Jahre werden von mehr als 680 Millionen Bürgern die Abgeordneten für die Lok Sabha (Unterhaus/Bundestag) gewählt. In 29 Bundesstaaten und sechs Union Territories gibt es insgesamt 543 Wahlbezirke und 800 000 Wahllokale. Bisher dauerten die Wahlen bis zu vier Tage und wurden von fünf Millionen Wahlhelfern und Sicherheitsleuten durchgeführt.

2004 wurden erstmalig im ganzen Bundesgebiet Wahlmaschinen eingesetzt. Sie erleichtern besonders den analphabetischen Wählern die Stimmabgabe. Jetzt müssen sie nicht mehr aus zahllosen Papieren das anzukreuzende Logo heraussuchen, sondern nur den Knopf mit Namen und Logo des Kandidaten drücken. Auch Mehrfachwahl und Wahlfälschung sollen durch diese Methode ausgeschlossen sein, und die Ergebnisse sind schnell verfügbar.

Jeder Wahl geht eine große Zahl von Veranstaltungen voraus. Auch wenn die Kandidaten über das Fernsehen bekannt gemacht werden, müssen sie außerdem in Lautsprecherwagen über das Land ziehen, um die dörfliche Bevölkerung zu erreichen. Kandidaten versprechen dabei oft Wahlgeschenke und nehmen den Wählern das Versprechen ab, sie zu wählen. In den Wahllokalen wird ihnen noch einmal eindringlich das Symbol gezeigt, das sie zu wählen haben. Trotz allem reagieren in kaum einem Land der Welt Wähler so mündig und schnell auf Missstände wie in Indien.

Wahlveranstaltungen in Indien haben oft Volksfestcharakter (oben). Mit lauter Musik und einprägsamen Slogans fahren Lautsprecherwagen und Boote durchs Land (oben links) und fordern zur Wahl auf. Offene Lastwagen bringen die Menschen zu Massenveranstaltungen. Besonders umkämpft sind die Stimmen der Muslime, die zwölf Prozent der Bevölkerung ausmachen (links).

ISLAM IN INDIEN

Arabische Kaufleute und Freibeuter brachten die neue Religion seit dem 7. Jahrhundert ins Land. Die eigentliche Begegnung Indiens mit dem Islam fand jedoch erst mit dem Eindringen muslimischer Heere seit dem 10. Jahrhundert statt. Eine Bekehrung der einheimischen Bevölkerung war dabei jedoch nicht das vordringliche Ziel. So setzten die Eroberer nur zeitweilig eine Kopfsteuer für Nichtmuslime, Zwangskonversionen und Verfolgungen nur als Machtmittel ein. Die Brüderlichkeit des Islam stellte für gesellschaftliche Gruppen, die durch das hinduistische Kastensystem benachteiligt waren, einen starken Anreiz zum Übertritt dar. Damit drangen lokale Mythen und Bräuche in islamische Vorstellungen ein. Die Heiligenverehrung dieses volkstümlichen Islams führte zu ausgeprägten Grabkulten. Wallfahrtsstätten, die heute noch als Zentren der Wundertätigkeit gelten, sind insbesondere die Gräber von Sufi-Meistern wie Muinuddin Chishti in Ajmer in Rajasthan und Nizam ud-Din Aulia in Delhi. Von Nachfahren ihrer Stifter verwaltet, unterhalten sie wohltätige Einrichtungen wie Armenküchen und Schulen.

Die Nähe zum allgegenwärtigen Gott, dem sich der Gläubige in Befolgung der Anweisungen des Propheten und in täglichen Gebeten anvertraut, wird in den mystischen Traditionen der Sufis und in vielen schiitischen Schulen durch Meditation, Gesang, Dichtung und Tanz gesucht. Die Liebe zu Gott beschrieben Dichter wie Amir Khusrau (gestorben 1325) und Gesudaraz (gestorben 1422) mit Worten und Bildern, die sie der weltlichen Liebeslyrik entlehnten. Neben Gedenktagen zu Ehren lokaler Heiliger, an deren Gräbern Verse der Gottesliebe in den Volkssprachen rezitiert werden,

Schiitische Stätten wie die Imambaras (oben) für die jährlichen Feiern zum Tod des Prophetenenkels Hussein werden auch von Sunniten besucht. Koranschulen (unten) waren lange Zeit die einzige Bildungschance für Jungen aus armen muslimischen Familien.

ist vor allem das Aschura-Fest im Monat Muharram, das an das Leiden der Märtyrer Hasan und Hussein erinnert, ein Höhepunkt des islamischen Lebens in Indien.

Der Orthodoxie waren diese Praktiken immer verdächtig, häufig wurde von ihr die Rückbesinnung auf die reine sunnitische Lehre gefordert. Viele der islamischen Fürstenhöfe boten jedoch Asyl für Gelehrte, Künstler und andere, die verdächtigt wurden, vom wahren Glauben abgefallen zu sein. So überlebten etwa die kleinen Gemeinschaften der ismailischen Bohras und Nizaris.

Auch nach dem Entstehen Pakistans und Bangladeshs leben heute noch ungefähr 150 Millionen Muslime in Indien. Die meisten von ihnen sind Sunniten. Schiitische Zentren sind Lucknow und Hyderabad.

Der Sufi-Schrein des Muinuddin Chishti in Ajmer beherbergt neben Moscheen und Torbauten das Grab des 1236 verstorbenen Heiligen. Sufis gehören dem sunnitischen Islam an, lassen aber spirituelle Erfahrungen zur Gotteserkenntnis zu. Das verbindet sie mit Hindu-Yogis.

Inmitten eines Gartens, der als Abbild des Paradieses gilt, steht der Taj Mahal (oben). Der Garten findet zwischen goldenen Weizenfeldern (rechts) auf der anderen Flussseite seine Fortsetzung, sodass der Yamuna ihn wie ein Paradiesfluss durchzieht.

AGRA

160 Kilometer von Delhi entfernt liegt Agra, die Stadt der Moghulkaiser und des Taj Mahal. Hunderttausende Touristen aus Indien und der ganzen Welt besuchen jährlich das Fort Kaiser Akbars mit den Marmorpalästen seines Enkels Shah Jahan und das strahlend weiße, mit Intarsien verzierte Mausoleum seiner geliebten Gattin Mumtaz Mahal. Beide Stätten gehören wie die 30 Kilometer entfernte verlassene Stadt Fatehpur Sikri zum Weltkulturerbe.

Am westlichen Flussufer des Yamuna befindet sich die muslimische Altstadt mit ihren engen Basarstraßen und vielen kleinen Handwerksbetrieben. Südwestlich davon erstrecken sich die ehemaligen kolonialen Wohngebiete (Cantonments) mit großen Gärten, Clubs, Sportanlagen und öffentlichen Gebäuden. Aus dem Taj-Bezirk, der ursprünglich nur aus der Grabanlage selbst und einer vorgelagerten Karawanserei bestand, ist inzwischen eine eigene kleine Stadt geworden. Hier gibt es Läden und Werkstätten sowie zahlreiche Hotels und Restaurants, die teilweise atemberaubende Ausblicke von ihren Dachgärten auf den Taj Mahal bieten.

Die große Zeit von Agra währte nur 100 Jahre, von 1556 bis 1658. Aber auch als die Hauptstadt Indiens endgültig nach Delhi verlegt worden war und viele Künstler weggezogen waren, blieb Agra ein Zentrum islamisch geprägter Kultur und Handwerkskunst. Die Briten förderten nach der Übernahme der Macht 1803 vor allem die Lederindustrie, die traditionell in den Händen von Muslimen lag. Heute noch wird sie vorwiegend in Heimarbeit betrieben.

Nachdem 1947 viele gebildete Muslime die Stadt verlassen hatten, fehlte der alten Moghulhauptstadt lange Zeit die Basis für eine Fortsetzung des ehemals in der islamischen Bürgerschicht verankerten Kunst- und Kulturbetriebs. In den letzten Jahren besann man sich jedoch wieder verstärkt auf die künstlerischen Traditionen, sodass nicht nur bei Festen wie dem Taj Utsava wieder Urdu-Gedichte rezitiert und Konzerte mit traditionellen lyrischen Gesängen veranstaltet werden. Auch dem Erhalt der historischen Bauten wird heute, nachdem die unkontrollierte Entwicklung der Industrie in den letzten 50 Jahren zu großen Schäden an den Marmorbauten Shah Jahans geführt hatte, verstärkte Aufmerksamkeit geschenkt.

Der Taj Mahal, das 73 Meter hohe Mausoleum der Kaiserin Mumtaz Mahal, die im Jahre 1630 bei der Geburt ihres 14. Kindes starb, besteht aus weißem Jaipur-Marmor. Eine hohe Mauer umgibt den eigentlichen Grabkomplex mit seinem durch Wasserbecken in vier Teile gegliederten Garten. Man betritt ihn durch ein mehrstöckiges Torgebäude aus rotem Sandstein. Auf einer hohen Terrasse, in der sich die Gruft mit den Gräbern befindet, erhebt sich ein Kuppelbau, umgeben von vier schlanken Minaretten, die dem Gebäude das Aussehen einer Moschee verleihen. Im achteckigen zentralen Raum unter der Kuppel steht inmitten einer hohen filigranen Marmorumzäunung der Kenotaph der Kaiserin und daneben der ihres später bestatteten Mannes, des Kaisers Shah Jahan. In den vier weiteren achteckigen Räumen an den Eckpunkten des Gebäudes sollten eigentlich weitere Grabstätten untergebracht werden, doch sie blieben leer. Eingerahmt wird das Mausoleum entlang des Flussufers von zwei roten Sandsteingebäuden, einem Moscheebau im Westen und seinem Gegenstück im Osten.

Überaus feine Verzierungen des Marmors bis hoch hinauf zur Kuppel zeichnen den Taj Mahal aus (ganz rechts). Die naturalistischen Pflanzendarstellungen in erhabenem Flachrelief (oben), die in feinen schwarzen Marmorbändern verlaufenden Koranverse, vor allem aber die vielfarbigen Intarsien von Blumenornamenten aus Halbedelsteinen (rechts) verleihen dem Gebäude stille Heiterkeit und spirituelle Tiefe.

Itimad ud-Daula (Stütze der Welt) war ein Ehrentitel des Großvaters der Mumtaz Mahal, des Persers Ghiyas ud-Din. Sein Grabmal (oben) ist bereits mit jener prachtvollen Ornamentik verziert, die sich später auch am Taj Mahal wiederfindet. Die Gartenanlagen auf der anderen Flussseite von Agra waren in der frühen Moghulzeit ein bevorzugter Platz für die Bestattung reicher Adeliger. Auch Babur, der Gründer der Moghul-Dynastie, fand hier zeitweilig seine Ruhestätte, bevor er nach Kabul überführt wurde.

Der Palast Kaiser Jahangirs aus rotem Sandstein (oben) befindet sich innerhalb des Roten Forts von Agra (folgende Doppelseite). Er wurde vermutlich schon von Jahangirs Vater Akbar im 17. Jahrhundert in Auftrag gegeben. Das zweistöckige Gebäude um einen offenen Hof besitzt zum Fluss hin eine breite Terrasse, auf der man sich an heißen Sommerabenden aufhalten konnte.

Das Rote Fort an einem alten Flussübergang über den Yamuna beherrscht seit 600 Jahren das Stadtbild von Agra (links). Der weiße Marmor der Bauten im Roten Fort in Agra verrät die Hand Shah Jahans. Von 1658 bis zu seinem Tod 1666 lebte er hier in seinem Privatpalast auf Befehl seines Sohnes Aurangzeb unter Hausarrest. Viele Stunden des Tages soll der alte Kaiser sich in den luftigen Arkaden (oben) mit Blick über den Fluss und bis hin zum Taj Mahal aufgehalten haben. Zu den Dekorationen der Wohn- und Audienzräume gehören auch Spiegelintarsien und blütenförmige Wasserbecken (rechts).

Die verlassene Stadt Fatehpur Sikri, 34 Kilometer von Agra entfernt, war die erste Stadtgründung der Moghuldynastie. Die Weissagung des Scheichs Salim Chishti, Akbar werde hier einen Sohn bekommen, veranlasste den Kaiser 1571 zum Bau prächtiger Paläste und der damals größten Moschee Indiens (oben). Die Bauten aus fein zieseliertem roten Sikri-Sandstein (rechts) wurden jedoch nur 15 Jahre bewohnt; dann zog der Hof nach Delhi.

JAIPUR Die 1727 gegründete Stadt des Jai Singh liegt heute im Nordwesten der modernen Zweimillionenstadt Jaipur. Sie wurde am Reißbrett geplant mit rechtwinklig verlaufenden Haupt- und Nebenstraßen sowie Gassen, die die Wohnquartiere der verschiedenen Kasten begrenzen. Die von Basaren und Werkstätten gesäumten Hauptstraßen führen zu Toren in der sechs Meter hohen Stadtmauer. Im Zentrum des alten Stadtgebiets befindet sich ein ebenfalls von einer Mauer umgebener Bezirk mit auch heute noch größtenteils von der fürstlichen Familie bewohnten Palast- und Verwaltungsgebäuden.

Wie schon sein Ahnherr im 16. Jahrhundert, der sich rechtzeitig mit dem erstarkenden Moghulreich arrangierte und damit seine Selbständigkeit bewahrte, war Jai Singh ein weitsichtiger Herrscher. Nach dem Tod des letzten großen Moghulkaisers ergriff er die Gelegenheit, seinem Königreich zu wirtschaftlichem Aufschwung zu verhelfen: Er baute eine moderne Stadt, siedelte dort Kaufleute an und förderte das Handwerk.

Auch seine Nachkommen verstanden es, sich mit den Mächtigen gutzustellen – so auch mit den britischen Eroberern. Zu Ehren des durchreisenden Prince of Wales, des späteren Edward VII., wurde 1876 gar die ganze Stadt rosa getüncht – was Jaipur den Beinamen „Pink City“ eintrug und bis heute in der Altstadt Vorschrift ist.

Geringe Scheu vor Neuem, solange es mit der Tradition vereinbar ist, kennzeichnet auch die wirtschaftlichen und politischen Entscheidungen in der heutigen Hauptstadt des Bundesstaates Rajasthan. So wurde hier schon 1947 die Universität von Rajasthan gegründet, zu der inzwischen noch weitere Universitäten und Fachinstitute hinzugekommen sind. Viele moderne Industriezweige wie Kunststoff- und Elektroindustrie sowie Metall verarbeitende Betriebe wurden in jüngerer Zeit in Jaipur angesiedelt. Doch das traditionelle Handwerk hat nach wie vor einen hohen Stellenwert. Neben altbewährten Produkten werden – und das ist typisch für Jaipur – auch neue Muster und

Neugierige Fürstinnen konnten einst hinter den Fenstern des „Palastes der Winde“ (links) ungesehen das Treiben auf den Straßen beobachten. Der Bau besteht lediglich aus einer hoch aufragenden Fassade, hinter der sich Balkone und Sitzplätze reihen.

Pink City Die rosafarbene Stadt Jaipur scheint ihre Bewohnerinnen zu inspirieren.

Materialien auf den Markt gebracht, sodass das traditionelle Handwerk ein lebendiger Teil der modernen Wirtschaft ist.

In Jaipur erkannte man schon früh den wirtschaftlichen Stellenwert des Tourismus. Die berühmteste Frau der Stadt, Gayatri Devi, die dritte Gattin des Maharadscha Man Singh II., öffnete bereits 1958 ihren Palast für betuchte Gäste. Dieses erste Palasthotel Rajasthans hat inzwischen viele Nachahmer gefunden. Und auch in der „Pink City" wurde so manches Kaufmannshaus in ein Hotel umgewandelt. Das hilft, den Verfall der alten Stadt, die an Überbevölkerung und Umweltverschmutzung zu ersticken droht, wenigstens punktuell in Grenzen zu halten.

Der Stadtpalast von Jaipur (rechts) wird noch überwiegend von der fürstlichen Familie privat genutzt. Wenn der Maharadscha von Jaipur, Bhavani Singh (unten), ein Fest ausrichtet, bleiben für andere Besucher die goldschimmernden Tore zu den sonst zugänglichen Prunkräumen (links) geschlossen.

Ein unbeschreibliches Gedränge von Fahrzeugen aller Art herrscht auf den breiten Hauptstraßen der Altstadt. Eine Rarität sind die von Kamelen gezogenen Pritschenwagen mit besonders leichtläufigen Reifen.

Tradition und Wissenschaft waren schon immer in Jaipur zu Hause. Aus dem größten Elefantenstall Indiens ziehen prächtig geschmückte Tiere zu Paraden (links) und Filmaufnahmen, und im Stadion hinter dem Palast wird Elefantenpolo gespielt. Zur Berechnung von Sonnenstand und Sternen diente das überdimensionale Astrolabium des Jai Singh (oben), das wegen seiner Genauigkeit bis heute die Fachleute erstaunt.

Vor den Toren der Stadt Jaipur liegt die alte Hauptstadt Amber zwischen Befestigungen und Bergrücken. Amber Fort (links), die prächtige ehemalige Residenz des Fürsten, thront majestätisch über der Stadt. Der Wasserpalast Jal Mahal im See vor der Stadt (oben) dient immer noch der Erholung an heißen Abenden, ist jedoch nur mit einem Boot zu erreichen.

Die Städte von Shekhavati zwischen Jaipur und Bikaner führen heute ein beschauliches Dasein (oben links). Noch vor 70 Jahren erbauten sich hier reiche Kaufleute prunkvolle Familiensitze mit schattigen Höfen, verzierten Erkern und Balkonen (oben rechts). Darüber hinaus nutzten sie die Außenwände ihrer Häuser, um Nachbarn und Besucher mit farbenfrohen Darstellungen von all dem zu beeindrucken, was ihnen gefiel oder auf Reisen an Bemerkenswertem begegnete. So entstanden Bilder von Elefantenparaden und Kamelsänften (rechts), aber auch von Tee trinkenden Engländern mit Tropenhelm und Eisenbahnzügen.

UDAIPUR, die alte Hauptstadt des Fürstentums Mewar, ist eine Stadt wie im Märchen. Ihre weißen Bauten und Ufergärten spiegeln sich in drei Stauseen, die sich wie Glieder einer Kette in den Aravalli-Bergen aneinanderreihen. Udai Singh, der 1567 die Stadt gründete, gehörte zu den Sisodia-Rajputen, die sich immer wieder gegen die Moghuln erhoben. Doch schließlich mussten sie sich 1614 völlig verarmt ergeben. Ihre Paläste wurden bis ins 20. Jahrhundert hinein ständig erweitert, sodass der Stadtpalast am Ufer des Pichola-Sees heute ein riesiger Komplex ist. Neben der Residenz des entmachteten Fürsten umfasst er mehrere Hotels und Museen. Einzigartig ist der 1746 errichtete und heute zum Luxushotel ausgebaute Jag-Nivas-Palast, der mitten im See liegt.

Innerhalb der Stadtmauer aus dem 17. Jahrhundert sind viele Straßen so eng, dass es keinen Durchgangsverkehr gibt. So können dort Frauen vor ihrem Haus an der Nähmaschine arbeiten oder Gemüse putzen und Handwerker auf der Straße ihren Beschäftigungen nachgehen. Aus Raumnot wurden viele Gebäude aufgestockt. Von ihren Dächern haben die Bewohner oft fantastische Aussichten auf Seen und Inseln sowie die umliegenden Berge.

Öffentliche Gebäude und Einkaufsstraßen finden sich vor allem in den Bezirken jenseits der Mauern. Auf der anderen Seite des Ahar-Flusses liegen die Universität und eine ständig steigende Zahl an modernen Industriebetrieben, die von Autozubehör über Fertighäuser bis hin zu Zinkprodukten ein breites Spektrum an Waren herstellen und vertreiben.

Farbenfrohe Designs zieren die Wände des Stadtpalastes von Udaipur (rechts) mit seinen schier unendlichen Zimmerfluchten. Ob Hinterglasmalerei, Fresko oder Mosaik, überall finden sich kleinteilige verschlungene Pflanzendarstellungen – wie auf den gestickten Borten von Gewändern (links).

Wie Fürsten können betuchte Touristen in einstigen Maharadschapalästen wohnen, die in Luxushotels umgewandelt worden sind (oben und rechts). Die stilvoll eingerichteten Suiten etwa des nur mit dem Boot erreichbaren, weiß strahlenden Lake Palace (ganz rechts) bieten einen weiten Blick über das betriebsame Udaipur, seine Seen und malerischen Hügelketten. Udaipur mit seiner weit verzweigten Fürstenfamilie hat keinen Mangel an Palasthotels und ist bevorzugter Ort für Märchenhochzeiten.

JODHPUR

Die Millionenstadt Jodhpur liegt am Rande der Wüste Thar zu Füßen der von Rao Jodha 1459 erbauten Festung Mehran. Wegen der extremen Dürre wird die Region Marwar, „Land des Todes", genannt. In Friedenszeiten blühte hier früher der Handel mit Opium, Kupfer, Seide, Gewürzen und Kaffee. Daher rührt der landesweite Ruf der Marwaris, besonders erfolgreiche Kaufleute zu sein. Die Maharadschas von Jodhpur, Rajputen aus dem Rathor-Clan, waren für ihre Tapferkeit und Treue berühmt und daher beliebte Bündnispartner – sowohl der Moghuln als auch später der Briten.

Wassermangel und Hungersnöte, wie sie am Ende des 19. Jahrhunderts und in den 1930er Jahren auftraten, bedrohten die Bevölkerung jedoch ständig. Das Anlegen von Stauseen, Kanälen und Brunnen ist daher bis heute eine der wichtigsten Aufgaben der Regierenden und der Aristokratie.

Wie schon zu britischen Zeiten ist Jodhpur auch heute noch eine Garnisonsstadt. Große Areale der Neustadt dienen als Wohnquartiere für Angehörige von Luftwaffe, Armee und Grenzschutz. Daneben ist der Tourismus – besonders in seiner Spielart der nostalgischen Palastreisen – heute eine wesentliche Einkommensquelle für die ganze Region.

In der Nähe von Jodhpur wird Zink abgebaut. Außerdem gibt es Chemie- und Zementwerke sowie Unternehmen der Metall verarbeitenden Industrie und die auch auf dem Nuklearsektor forschenden Militärlabore. Darüber hinaus besitzt die Stadt Textil- und Lederindustrie und viele traditionelle Handwerksbetriebe.

„Die blaue Stadt" wird Jodhpur nach dem blauen Anstrich seiner Brahmanenhäuser genannt. Viele Bauten der Altstadt tragen diese Farbe, deren Leuchtkraft im Schatten der engen Gassen zunimmt und eine eigenartig abgehobene Stimmung vermittelt.

Die Festung Mehrangarh (rechts) mit ihren bis zu 36 Meter hohen Bastionen und zahlreichen Palästen dominiert – auf einem 125 Meter hohen Felsrücken gelegen – das Stadtbild von Jodhpur.

Der Umaid-Bhavan-Palast dient heute als Palasthotel und Fürstenresidenz sowie als Kulisse unzähliger Filme und Fotoshootings. Wenn der Maharadscha Gaj Singh II. von Marwar (rechts) in den Park seines Palastes lädt (oben), kommen die Reichen und Schönen der ganzen Welt.

JAISALMER, die „Oase des Jaisal", an der alten Handelsstraße zum Sindh gelegen, führt aufgrund der weitgehend geschlossenen Grenze zu Pakistan heute ein beschauliches Dasein.

1156 wurden Stadt und Burg von Rawal Jaisal gegründet. Hindu- und Jaina-Kaufleute fanden hier Schutz und erbauten in der Stadt Handelshäuser und reich verzierte Tempel. Die Bedeutung von Jaisalmer als Karawanenstützpunkt schwand langsam mit der Zunahme des Seehandels, jedoch entstanden die schönsten mehrstöckigen Kaufmannshäuser mit ihren fein reliefierten Sandsteinfassaden und geschnitzten Holzfenstern noch im 19. Jahrhundert, als im inneren Bezirk des Forts Straßen und Häuser gebaut wurde.

Um den schon aus großer Ferne sichtbaren Burgberg mit der Altstadt aus gelbem Sandstein breitet sich heute eine weit in die Wüste reichende moderne Kleinstadt aus. Sie lebt vor allem vom Fremdenverkehr, ist Ausgangspunkt für Kamelsafaris und Jeeptouren. Außerdem sind hier indische Grenztruppen stationiert.

Seit 1988 werden in der Gegend von Jaisalmer Öl und Gas gefördert. Die Stadt war schon immer ein Platz für Schmuggler. Im kleinen Grenzverkehr finden Güter aller Art, vor allem Drogen, Medikamente und Alkohol, aber auch Waffen und Kühe ihren Weg durch Rajasthans Wüste.

Ein autonomes Leben in der Wüste mit Kamelen, Schafen und Ziegen ist heute kaum noch möglich. Wie viele Volksgruppen in Indien lassen sich deshalb auch die nomadischen Wüstenbewohner (oben) am Rande von Städten und Dörfern nieder.

Jaisalmer, die Wüstenperle, verdankt seinen Ruhm den reich verzierten Sandsteinpalästen (links) und Tempeln im alten Fort. Die autofreie Altstadt mit ihren Romantikhotels ist ein Paradies für Nostalgiker. Von allen Dächern der neuen Stadtteile ist der mächtige Burgberg zu sehen (folgende Doppelseite).

Das Kulturerbe Ahmedabads drückt sich in vielen Facetten aus: Die Ornamentik der Moscheen (oben) zeigt die Blüte des alten muslimischen Kunsthandwerks, das Drachenfest (rechts) zählt zum heute noch lebendigen Volksbrauchtum.

AHMEDABAD

Das „Manchester des Ostens" ist eine blühende Industriestadt im Bundesstaat Gujarat. Die dort angesiedelte chemische und pharmazeutische Industrie sowie moderne Gewerbebetriebe und internationale Handelsgesellschaften haben die traditionelle Textilindustrie längst überflügelt, die sich besonders in vielen Klein- und Mittelbetrieben im Osten der Altstadt erhalten hat.

Ahmedabad besitzt mehrere Universitäten und ist bekannt für seine Bildungseinrichtungen wie das Indian Institute for Management und das Indian Design Institute. Sie liegen meist am Westufer des Sabarmati, einem mit seiner modernen Bebauung bevorzugten Wohnort von Besserverdienern. Hier entstehen auch Hochhäuser und Shopping Malls, Parks und Museen und – nicht zu vergessen – Vergnügungsstätten am Fluss.

Ein traditioneller Spaß nicht nur für Kinder ist das Drachensteigenlassen. Ein jährliches Drachenfest findet in der Altstadt und am Flussufer statt, und ein Drachenmuseum befindet sich in dem von Le Corbusier erbauten Sanskar Kendra.

In der Altstadt auf der Ostseite des Flusses Sabarmati herrscht dichtes Gedränge. Um die von Ahmed Shah und seinen Nachfolgern gebauten mehr als 50 Moscheen und Grabbauten und um das Fort tost der Verkehr, in den breiteren Straßen findet man die übliche Mischung aus Handwerk und Handel.

Charakteristisch für die alte Stadt sind die Wohnquartiere der nichtmuslimischen Bevölkerung. In diesen etwa 500 *pols* leben immer noch – nach Religionsgruppen und Kasten getrennt – jeweils bis zu 1000 Bewohner. Die holzgeschnitzten Fassaden, die mit ihren Erkern und Balkonen die winkligen Gassen überschatten, erzielen im Kunsthandel hohe Preise.

Gegründet wurde die Stadt 1411 von Ahmed Shah, dessen Vater Muzaffar Khan sich nach der Eroberung Delhis durch die Mongolen mit seinem Sultanat von Gujarat selbständig gemacht hatte. Bis ins 18. Jahrhundert blühte Ahmedabad. Danach herrschte eine Konföderation der Marathen, der ersten Freiheitsbewegung gegen die Muslime, bis sie schließlich von den Briten besiegt wurde. Die Kolonialherren wa-

Wirtschaftsboom und traditioneller Handel sind in Ahmedabad – wie auch in vielen anderen indischen Boomtowns – keine unvereinbaren Gegensätze. Denn der industrielle Fortschritt (links) basiert nicht zuletzt auf Heimindustrie und arbeitsintensiver Produktionsweise. Neu ist die technische Aufrüstung von Kleinstunternehmern wie im Frauenprojekt Sewa (Self Employed Womens Association) durch engagierte Sozialarbeiter (unten). An breiten Bevölkerungsschichten geht diese Entwicklung jedoch vorbei, sie leben weiterhin von herkömmlichen Tätigkeiten (rechts).

ren, trotz aller Förderung von Wirtschaft und Bildung, bei den nationalbewussten Indern nicht beliebt, und es verwundert kaum, dass ein Gujarati die Unabhängigkeitsbewegung anführte. Mahatma Gandhi lebte, wenn er in der Stadt war, seit 1917 im Sabarmati Ashram im Norden der Stadt, der heute eine Gedenkstätte ist. Dort begann 1930 sein berühmter Salzmarsch zum Kutch.

Erst 1960 wurde Ahmedabad Hauptstadt des neuen Bundesstaates Gujarat, musste diese Funktion aber 1970 an das neu erbaute Gandhinagar abgeben. Heute beträgt der muslimische Bevölkerungsanteil in der Stadt noch elf Prozent. Ihre Verdrängung aus begehrten Innenstadtlagen ist ein Ergebnis zahlreicher blutiger Auseinandersetzungen mit Hindu-Nationalisten.

JUNAGADH liegt am Fuße des Girnar-Massivs in Gujarat. Hunderte von Pilgern steigen täglich die 5500 Stufen zu den weißen Jaina-Tempeln hinauf. Um den Berg herum und bis hoch hinauf zu den fünf Gipfeln gibt es zahlreiche Hindu-Schreine und auf den Datar-Hügeln in der Nähe eine muslimische Pilgerstätte.

Mitten in der Stadt liegt eine große mittelalterliche Festung. Bereits im 3. Jahrhundert v. Chr. stand hier ein Fort. Eine Felsinschrift des Kaisers Ashoka weist auf die Bedeutung des Ortes für die buddhistischen Mönche, die hier bis weit ins 1. Jahrtausend in Höhlenbauten und Klöstern lebten. Auch heute noch hausen Eremiten in den Wäldern der Gegend, und in dem kleinen Fluss baden Yogis, bevor sie den Damodar-Tempel besuchen.

Junagadh war bis 1948 Residenz eines Fürstenstaats. Aus dieser Zeit stammen der Palast und die Darbar-Halle sowie einige fantastisch geschmückte Grabbauten.

In der Distriktshauptstadt leben heute etwa eine halbe Million Menschen – vorwiegend von der Klein- und Heimindustrie. Edelsteinschleifer beliefern die großen Werkstätten in Surat. Bekannt ist die Stadt wegen ihrer Forschungen an der Landwirtschaftlichen Universität und den Bemühungen um die Rückkreuzung des Indischen Löwen im nahe gelegenen Gir-Reservat. Wohlstand bringen aber vor allem die Einnahmen als Pilgerzentrum.

Im Schatten der großen Kulturen
hat sich auf der Halbinsel Kathiavar im Bundesstaat Gujarat ein vielfältiges Brauchtum mit eigenständiger Ornamentik erhalten, die besonders in den Trachten der Frauen deutlich wird.

Weißer Marmor und abgelegene Standorte
werden von Jainas für ihre Heiligtümer bevorzugt. So errichteten sie auf dem Berg Girnar bei Junagadh (links) Hunderte von weißen Schreinen.

Seit Jahrhunderten leben die Menschen in Gujarat von Fischfang, Salzgewinnung (oben) und Landwirtschaft (rechts das Lesen von Chili-schoten). Große Trawler machen heute den kleinen Fischern Konkurrenz. Dennoch beliefern diese noch weite Teile der lokalen Bevölkerung. Die Salzgewinnung in den marschigen Monsunseen des Kutch liegt seit Generationen in den Händen derselben Kuli-Gemeinschaft.

JAINISMUS Der Jainismus ist wahrscheinlich 250 Jahre älter als der Buddhismus und nach dem Ehrentitel *jina* (Sieger) des großen Lehrers Mahavira (599–457 v. Chr.) benannt. Dieser ist nach jainistischer Überlieferung der 24. in einer Reihe von Tirthankaras, Furtbereitern erlösungsbedürftiger Menschen, die in Abständen als Lehrer der Menschheit auftreten. Er war hauptsächlich für die Ausgestaltung der jainistischen Lehre verantwortlich, lehnte das Kastensystem und die vedische Opferpraxis ab.

Nach der Lehre der Jainas ist die Seele, *jiva*, ewig, ihr Ziel die Befreiung *(moksha)* aus dem Kreislauf der Wiedergeburten. Das höchste Prinzip ist *ahimsa*, das Nichtverletzen. Jainas sind daher Lactovegetarier und verwenden kein Leder. Vor allem Pilger sind vielfach durch das Tragen eines Mundschutzes auf der Straße erkennbar, mit dem verhindert werden soll, dass Tiere durch das Einatmen verletzt werden.

Nach dem Tod Mahaviras breitete sich der Jainismus bis zum 2. Jahrhundert in ganz Indien aus, häufig mit großzügiger Förderung lokaler Herrscherhäuser. Durch einen Streit um die Schriften Mahaviras zerfiel die Religi-

Ein zwei Kilometer langer Stufenweg führt von der Stadt Palitana auf den Gipfel des Shatrunjaya, einen der heiligsten Orte der Jainas. 863 Tempel (links) befinden sich dort, darunter auch muslimische Schreine. Die ältesten der heute noch erhaltenen Bauten stammen aus dem 16. Jahrhundert.

onsgemeinschaft bereits im 1. Jahrhundert in zwei große Gruppen: die mit dem Himmel oder mit Luft Bekleideten, Digambaras, und die Weißgekleideten, Shvetambaras. In beiden Gemeinschaften gibt es asketisch lebende Mönche (bei den Shvetambaras auch Nonnen), die besitzlos durch das Land ziehen, und Laienanhänger.

Der wichtigste Pilgerort der Jainas ist der Berg Shatrunjaya mit mehr als 850 Tempeln im Bundesstaat Gujarat. Alle anderen Heiligtümer sind mit überlieferten Lebensstationen eines Tirthankara verbunden. Statuen der Tirthankaras stehen im Zentrum der rituellen Verehrung durch die Jainas. Die wichtigsten Feiertage sind Mahaviras Geburtstag (April/Mai) und der Todestag (Oktober/November). Heute leben in ganz Indien etwa 15 Millionen Jainas: die Gemeinden der Shvetambaras im Norden und die der Digambaras eher im Süden des Landes.

Seit dem 1. Jahrhundert gibt es zwei Gruppen der Jainas: die Weißgekleideten (oben) und die Luftbekleideten, die sich trotz Unterschieden freundlich gegenüberstehen. Als Vorbilder und spirituelle Lehrer der Jainas gelten die Tirthankaras, deren Statuen – frei stehend oder in Tempeln – verehrt werden (oben und rechts).

AN DEN UFERN DES GANGES

NORDOSTINDIEN

208 Einleitung
214 Lucknow
220 *Kumbh Mela*
222 Ayodhya
226 Guwahati
234 Fotostory
236 *Teeanbau*
240 Varanasi
250 *Hinduismus*
254 Patna
260 *Der bengalische Tiger*
262 Ranchi
266 Kolkata
296 Fotostory

NORDOSTINDIEN

Die Landschaft Nordostindiens ist geprägt durch die fruchtbare Gangesebene, die sich von Delhi bis nach Kolkata ausdehnt. Zahlreiche Zuflüsse speisen den größten und heiligsten Fluss des Subkontinents.

Die Gangesebene wird im Norden durch den Himalaya begrenzt, dessen majestätische Bergketten sich bis zu mehr als 8000 Meter Höhe erheben. Im Süden bestimmen das Dekkan-Plateau sowie die steil zum Golf von Bengalen abfallenden Ostghats die Landschaft. Durch die Provinzen im äußersten Nordosten Indiens, eingesäumt von den Assam Hills, fließt der Brahmaputra, der zusammen mit dem Ganges in den Golf von Bengalen mündet.

Die Hauptquelle des Ganges liegt in der 4000 Meter hoch gelegenen Gletscherhöhle Gaumukh im Himalaya im Bundesstaat Uttarakhand. Dieser noch junge Bundesstaat löste sich erst im Jahre 2000 vom Bundesstaat Uttar Pradesh ab. Dort leben vorwiegend Brahmanen und Rajputen.

Folgt man dem Lauf des Ganges hinab ins Tiefland, gelangt man nach Uttar Pradesh, dem bevölkerungsreichsten und landwirtschaftlich am intensivsten genutzten Bundesstaat ganz Indiens. Zwischen den weitläufigen Weizen-, Reis- und Zuckerrohrfeldern liegen – vor allem an den zahlreichen Flussläufen – die großen Zentren des Hinduismus und des Islam, deren Jahrhunderte währende Rivalität bis in die Gegenwart andauert. Zwar gehören 80 Prozent der Bevölkerung dem Hinduismus an. Doch die islamischen Bauten etwa in Agra oder Fatehpur Sikri zeugen von gewaltiger Größe und Ausdruckskraft.

Im östlichen Uttar Pradesh, wo Ganges, Yamuna und der unterirdisch gedachte mythische Fluss Saraswati zusammenfließen, liegt Allahabad, einer der wichtigsten hinduistischen Pilgerorte. Alle zwölf Jahre treffen sich hier Millionen Gläubige zur Kumbh Mela, dem größten Pilgerfest der Welt.

Bei Varanasi biegt der große heilige Fluss Richtung Norden ab. Hier überquerte der historische Buddha im 5. Jahrhundert v. Chr. den Ganges auf dem Weg von Sarnath, dem Ort seiner ersten Predigt, nach Kushinagara, wo er starb.

Die Vielfalt des Nordostens zeigt sich in majestätischen Bergen, fruchtbaren Tiefebenen (rechts), undurchdringlichen Wäldern und einer malerischen, felsengesäumten Küste. Unzählige Religionen und Volksgruppen haben hier ihre Heimat. Einige davon gehören den zurückgezogen lebenden Stämmen der Adivasi an (unten).

Der Lauf des Ganges führt weiter durch Bihar, das Ursprungsland des Buddhismus, wo Buddha in Bodh Gaya die Erleuchtung fand und den Entschluss zur Übermittlung seiner Lehre fasste. Der Name Bihar leitet sich ab vom Sanskrit-Wort *vihara* für Kloster und nimmt Bezug auf eine lange buddhistische Klostertradition, wie sie etwa vom 5. bis zum 12. Jahrhundert in der Klosteruniversität von Nalanda blühte. Ein weiterer wichtiger Ort der buddhistischen Tradition ist das antike Rajagriha, heute Rajgir, wo im 1. Jahrhundert nach dem Tod Buddhas das erste buddhistische Konzil stattfand. Bihar war das Kernland des Mauryareiches, von dessen Größe noch die Ediktsäulen Kaiser Ashokas aus dem 3. vorchristlichen Jahrhundert zeugen. Die Region ist jedes Jahr starken Monsunregenfällen und damit einhergehenden Überschwemmungen, aber oft auch anhaltender Dürre ausgesetzt, was die Lebensbedingungen im ohnehin armen Bihar zusätzlich erschwert.

Hauptmündungsarm des Ganges ist der Hugli, an dessen Ufern Kolkata, die ebenso aufregende wie problematische Hauptstadt Westbengalens, liegt. Zahlreiche weitere Flussarme zergliedern die Region in ein einzigartiges Inselreich: die von Mangroven bedeckten Sundarbans.

Südlich der Gangesebene schließt sich das Chotanagpur-Plateau an. Es ist zu fast einem Drittel von Wald bedeckt ist, der dem im Jahr 2000 gegründeten Bundesstaat Jharkhand seinen Namen „Waldland" einbrachte. 28 Prozent der Einwohner gehören den Adivasi, der indigenen Bevölkerung Indiens, an, deren Siedlungsgebiete sich südwärts bis in die schwer zugänglichen Bergwälder der Ostghats von Orissa erstrecken. Hier liegt auch der Simlipal-Nationalpark, in dem unter anderem Tiger und wilde Elefanten zu Hause sind. Der größte Fluss der Region ist der Mahanadi, der östlich von Cuttack in den Golf von Bengalen mündet. Etwas südlich davon liegt der Chilika Lake, eine Brackwasser-Lagune, die unzähligen Vogelarten als Winterquartier dient. Von der langen hinduistischen Tradition wie auch vom handwerk-

Der heilige Ganges versorgt den Nordosten mit Wasser für Haushalt und Landwirtschaft, er wird zur Energiegewinnung und zum Transport genutzt. In Uferstädten wie Varanasi (rechts) wird er für seine von Sünden befreiende Kraft verehrt.

RINKU SILK
HOUSE
SHIVA CAFE
GERMAN BAKERY

Im größten Flussdelta der Welt vereinen sich Ganges und Brahmaputra mit ihren unzähligen Flussarmen, bevor sie in Bangladesh in den Golf von Bengalen münden (rechts). Unweit des einzigartigen Inselreiches liegt Indiens quirlige Metropole Kolkata (oben).

lichen Geschick der Bewohner Orissas zeugen die vielen eindrucksvollen Beispiele nordindischer Architektur und Steinmetzkunst entlang der fruchtbaren Küstenebene, wie die Tempel der heutigen Hauptstadt Bhubaneswar aus dem 8. bis 12. Jahrhundert oder der Sonnentempel von Konarak aus dem 13. Jahrhundert. Wie die weiter nördlich gelegenen Regionen unterstand auch Orissa, das ehemalige Königreich Kalinga, der Herrschaft der Mauryas und Guptas, konnte sich später aber den Angriffen muslimischer Eroberer lange Zeit widersetzen, bis es Mitte des 16. Jahrhunderts unter den Einfluss des Moghulreiches geriet.

Nur über eine schmale Landzunge zwischen Nepal, Bhutan und Bangladesh gelangt man in die nordöstlichen Provinzen. Hier herrschte lange Zeit die thailändische Dynastie der Ahoms, die sogar die Moghuln erfolgreich zurückdrängten, bis sie wie der Großteil des Indischen Reiches 1858 unter die Herrschaft der britischen Krone kamen. Heute besteht das ehemalige koloniale Assam aus mehreren Bundesstaaten, den „sieben Schwestern" Arunachal Pradesh, Assam – seit dem 19. Jahrhundert Zentrum des Teeanbaus –, Nagaland, Manipur, Meghalaya, Mizoram und Tripura. In den durch hohe Niederschläge gekennzeichneten ausgedehnten Waldgebieten leben in erster Linie Adivasi. Sie wurden mit Ausnahme von Assam und Tripura zum großen Teil christlich missioniert. Durch die Vielzahl der unterschiedlichen Ethnien kommt es immer wieder zu heftigen Auseinandersetzungen – untereinander und mit der indischen Zentralregierung, welche die Autonomiebestrebungen zahlreicher Rebellengruppen mit militärischen Mitteln zu unterdrücken versucht.

LUCKNOW 516 Kilometer östlich von Delhi liegt an einem Nebenfluss des Ganges das 2,5 Millionen Einwohner zählende Lucknow, die Hauptstadt Uttar Pradeshs. Das heutige Industrie- und Verkehrszentrum wurde 1528 von Babur, dem ersten Moghulkaiser, gegründet. Ausgrabungen weisen allerdings darauf hin, dass die Gegend schon seit dem 8. Jahrhundert v. Chr. besiedelt war. Im Zuge des Niedergangs des Moghulreiches verlegte Nawab Asaf ud-Daula (1775–1797) die Hauptstadt seines Königreiches Avadh von Faizabad nach Lucknow. Das Königreich Avadh, das als „Kornkammer Indiens" galt, hatte eine hohe strategische Bedeutung als Pufferzone zwischen den Moghuln im Norden und den sich von Süden her ausbreitenden Marathen.

Die Bauten der Nawab (Statthalter) von Lucknow, obgleich schlecht erhalten, prägen bis heute das Stadtbild. Besonders ihre zahlreichen Grabbauten, Imambaras („Häuser der Imame") genannt, zeugen noch vom früheren Glanz, so etwa das 1784 erbaute Bara Imambara, die letzte Ruhestätte des Asaf ud-Daula. Eine 50 Meter lange Halle in dem kunstvoll geschmückten Mausoleum soll das längste ungestützte Gewölbedach der Welt besitzen. Neben der Architektur florierten unter den Nawabs auch Musik, Gesang, Theater und Tanz. Besonders der letzte Nawab von Lucknow, Wajid Ali Shah (1822–1887), war ein großer Freund und Komponist der meist von Tanz begleiteten Vokalmusik Thumari, die im

Die Minarette der Asafi-Moschee (links) zeugen von der eindrucksvollen Bautätigkeit der Nawabs von Lucknow. Für den Erbauer der Moschee, Nawab Asaf ud-Daula, wurde 1784 das reich verzierte Mausoleum Bara Imambara errichtet (unten).

19. Jahrhundert in Lucknow entstand und schnell sehr populär wurde.

Als die Briten Wajid Ali Shah 1856 absetzten und Lucknow annektierten, wurde die Stadt zum Brennpunkt des indischen Widerstandes gegen die britischen Kolonialherren. Während des Sepoy-Aufstandes belagerten Tausende meuternde indische Soldaten der britischen Kolonialarmee („Sepoys") 89 Tage lang die britische Residenz, bis sie am 16. November 1857 im Lustgarten Sikhandar Bagh im Kampf gegen die britischen Truppen starben. Heute befindet sich auf dem Gelände das Nationale Botanische Forschungsinstitut. Ursprünglich als botanischer Garten gegründet, entwickelte es sich seit 1953 zu einem wissenschaftlichen Zentrum für biologische Forschung.

Lucknow war unter den Nawabs ein Zentrum des schiitischen Islam und Sitz der seit dem 17. Jahrhundert in Indien einflussreichen Theologenschule Farangi Mahal. Heute leben hier Muslime unterschiedlicher Rechtsschulen. In jüngerer Zeit erlangte die Stadt traurige Berühmtheit durch blutige Auseinandersetzungen zwischen Sunniten und Schiiten.

Im modernen Stadtzentrum Hazaratganj, südöstlich des historischen Stadtkerns, befindet sich das staatliche Museum mit einer hervorragenden Sammlung hinduistischer und buddhistischer Skulpturen aus dem 1. bis 11. Jahrhundert.

Das städtische Leben in Lucknow ist von lebhaftem Verkehr beherrscht. Autos und Busse teilen sich die Straßen mit Kühen und Fahrradrikschas (links). Typisch für die Stadt sind die flachen, um kleine Höfe errichteten Häuser (oben).

Dhobiwallas waschen in jeder größeren Stadt die Wäsche für Privathaushalte, Restaurants, Hotels und Krankenhäuser. Die Wäsche wird von Hand eingeseift, geschrubbt, auf Steinplatten ausgeklopft (oben) und anschließend auf langen Leinen getrocknet (rechts).

Das erste rituelle Bad gehört traditionell den nur mit Asche bekleideten Naga-Babas (ganz links). Nach ihnen strömen Millionen weiterer Sadhus in Allahabad über die 15 Pontonbrücken (links) zum größten hinduistischen Fest der Welt. Einige von ihnen harren jahrzehntelang in einer Stellung aus, wobei sie auf einem Bein stehen oder einen Arm hochhalten (unten).

KUMBH MELA

Als sich Dämonen und Götter um Amrita, den Unsterblichkeit verleihenden Nektar, stritten, fielen aus dem Krug *(kumbh)*, der den Nektar enthielt, vier Tropfen an vier Orten zur Erde. Heute befinden sich dort die vier heiligen Städte Allahabad, Haridwar, Ujjain und Nasik. Sie sind seit dem 7. Jahrhundert Austragungsorte des größten Pilgerfestes der Welt, der Kumbh Mela. Unzählige Gläubige aus ganz Indien, unter ihnen viele Sadhus (Asketen), strömen dann zu den Flussufern, um an Waschungen im „Amrita" und Prozessionen teilzunehmen und sich dadurch von ihren Sünden zu befreien.

Die große „Purna Kumbh Mela" findet alle drei Jahre an einem der vier Orte statt, sodass jede der Städte alle zwölf Jahre an die Reihe kommt. Daneben gibt es eine alle sechs Jahre stattfindende kleinere „Ardha Kumbh Mela". Allahabad, dem unter den Pilgerorten die größte Bedeutung zukommt, feiert außerdem eine jährliche „Magh Mela" und die größte, nur alle 144 Jahre stattfindende „Maha Kumbh Mela". Das „Fest des Kruges" nimmt dabei unvorstellbare Ausmaße an. Zur letzten „Maha Kumbh Mela" 2001 strömten 70 Millionen Pilger nach Allahabad, um sich am Zusammenfluss von Ganges, Yamuna und Saraswati rituell zu reinigen.

Die Geburtsstadt Ramas wird schon im Nationalepos Ramayana erwähnt (oben). Prinz Rama gilt als siebte Inkarnation Vishnus und ist für die Hindus von großer Bedeutung. Die vielen Tempel Ayodhyas zeugen von der Heiligkeit der Stadt (rechts).

AYODHYA

Ayodhya ist die ehemalige Hauptstadt des Königreiches Avadh im heutigen Uttar Pradesh und seit Jahrzehnten ein Brennpunkt hindu-muslimischer Konflikte. Für die Hindus ist Ayodhya die Geburtsstätte des Gottes Rama. 1528 errichteten die muslimischen Eroberer hier die Babri-Moschee, möglicherweise an der Stelle eines hinduistischen Tempels, den sie zerstörten. Gläubige Hindus kämpfen seitdem gegen die Moschee.

Nach der Unabhängigkeit 1949 nutzten sowohl Hindus als auch Muslime das Gelände. Hindunationalistische Organisationen wie Rashtriya Svayamsevak Sangh (RSS), Vishwa Hindu Parishad (VHP) und die Bharatiya-Janata-Partei (BJP) forderten jedoch seit den 1980er Jahren immer lauter die Übergabe des Grundstücks an die Hindus. Nach der Grundsteinlegung des hinduistischen Ram-Janmabhumi-Tempels im November 1989 stürmten am 6. Dezember 1992 100 000 Freiwillige die Moschee und zerstörten sie. Daraufhin brachen in ganz Indien blutige Auseinandersetzungen zwischen den Religionsgruppen aus, die sich mit dem Verbot des Wiederaufbaus der Moschee weiter fortsetzten und bis heute anhalten. Die Hindus feiern ihren Gottesdienst in Ayodhya heute in einem provisorischen Tempel unter höchsten Sicherheitsvorkehrungen, Muslimen ist der Zutritt verboten.

Massive Militärpräsenz in Ayodhya ist nach wie vor nötig, um blutige Auseinandersetzungen zwischen Hindus und Muslimen zu verhindern (oben). Viele Hindus pilgern nach Ayodhya, um dort ihren Göttern heiliges Gangeswasser zu opfern, das sie in geschmückten Behältern transportieren (rechts).

Die „Sieben Schwestern" sind die Heimat Hunderter Volksgruppen der indigenen Bevölkerung Indiens (rechts). Bis heute leben sie meist zurückgezogen in abgelegenen Hügeln und Wäldern (oben).

GUWAHATI

Die ehemalige Hauptstadt der thailändischen Ahom-Könige (1228–1826) liegt am Südufer des mächtigen Brahmaputra, zehn Kilometer vom Regierungssitz Assams in Dispur entfernt. Mit heute 800 000 Einwohnern ist Guwahati die größte Stadt der Region, inklusive der Schwesterstaaten Arunachal Pradesh, Nagaland, Manipur, Mizoram, Tripura, Meghalaya. Das „Tor zum Nordosten", wie Guwahati gern bezeichnet wird, ist ein Zentrum für Handel, Bildung, Kultur und Politik und Hauptumschlagplatz des berühmten Assam-Tees. Wahrzeichen Guwahatis ist der auf dem 160 Meter hohen Nilachal-Hügel gelegene Tempel der Göttin Kamakhya, das wichtigste Heiligtum des tantrischen Shakti-Kults auf dem Subkontinent.

In allen sieben Bundesstaaten machen Angehörige zahlloser unterschiedlicher Stämme einen großen Teil der Bevölkerung aus. Allein in Assam werden etwa 45 Sprachen – größtenteils tibeto-burmanischer Herkunft – gesprochen. Stämme wie die Bodo, Kachari, Karbi, Mishmi oder Rabha fühlen sich jedoch durch die massive Einwanderung, vor allem aus dem bevölkerungsreichen Bengalen, verdrängt und bedroht. Dies führt seit Jahren zu militärischen Auseinandersetzungen mit der indischen Zentralregierung, die schon mehr als 10 000 Menschen das Leben kosteten. Vor allem die Vereinigte Befreiungsfront von Assam (ULFA) kämpft seit 30 Jahren für die Unabhängigkeit der Region von Indien, auch um die wirtschaftliche Ausbeutung des an Erdöl und Tee reichen Nordostens einzuschränken.

Ihre ursprüngliche Lebensweise und Tradition haben sich die meisten Stämme – trotz christlicher Missionierung – größtenteils bewahrt. Dazu gehören der auffällige Nasenschmuck der Apatani-Frauen (links), die mit Schnitzereien versehenen Häuser der Nagas (oben) oder die Jagd mit Pfeil und Bogen, wie sie unter anderem die Adi ausüben (rechts).

Die Kopfjagd wird bei den Nagas heute nur noch symbolisch betrieben. Sie stand ursprünglich im Zusammenhang mit Fruchtbarkeitsriten, in deren Mittelpunkt der Schädel als Sitz der Fruchtbarkeit stand (links). Außer in ihren religiösen Vorstellungen drückt sich die Einzigartigkeit der Stämme auch in Musik (oben), Tanz und traditionellen Methoden bei der Nahrungsbeschaffung etwa beim Fischfang (rechts) aus.

Der Kanchenjunga im Bundesstaat Sikkim ist mit 8586 Metern der dritthöchste Berg der Welt (rechts). Viele Menschen besteigen den nahegelegenen Tigerhill in Darjeeling (unten), um den Sonnenaufgang zu bewundern, der den schneebedeckten Gipfel in rosa-oranges Licht taucht.

DIAMOND OBEROI,
HOTELIER, DARJEELING

9:00 Der Tag beginnt mit einem Rundgang durch das ganze Hotel.

Ich wurde schon in eine Hotelier-Familie hineingeboren, kenne das Gewerbe also seit meiner Kindheit. Zusätzlich habe ich einen Bachelor in Hotelmanagement gemacht. Mein Beruf ist eigentlich wie ein Hobby für mich. Als Direktor kümmere ich mich um alle Angelegenheiten unserer Hotelkette selbst. Dazu gehören Personalmanagement, Buchhaltung und Marketing. Besonders wichtig ist mir das Wohlbefinden unserer Gäste und ein reibungsloser Ablauf des Tagesgeschäfts. Nebenbei entwickle ich Ideen für neue Hotels.

Meine Frau Nimmi und ich haben drei erwachsene Kinder, die mich teilweise schon beim Management unserer Hotels unterstützen. Wir lieben es, die Menschen aus aller

„Meine Gäste mit all ihren verschiedenen Wünschen und Bedürfnissen zufriedenzustellen – das ist mein Ziel."

Welt kennenzulernen, die bei uns zu Gast sind. Deshalb wohnen wir abwechselnd in drei unserer vier Hotels in Darjeeling und dem Bundesstaat Sikkim und können auf diese Weise auch alle Annehmlichkeiten nutzen, die unsere luxuriösen Hotels bieten.

12:30 Das Mittagessen zusammen mit meiner Frau Nimmi ist eine schöne Unterbrechung des Tagesablaufs.

Den Tag beginne ich mit Meditieren und Yoga. Nach dem Frühstück folgt ein Kontrollgang durchs ganze Hotel, und meist ist es dann schon Mittagszeit. Nach dem Essen gehe ich in mein Büro und widme mich bis zum Nachmittagstee Verwaltungstätigkeiten. Am frühen Abend versuchen meine Frau und ich, mit unseren Gästen ins Gespräch zu kommen oder gehen in den Hotelgärten spazieren.

Am Abend schauen wir meistens gemeinsam Fernsehen und informieren uns über das Geschehen in der Welt. In meiner freien Zeit gärtnere ich gerne und lese Bücher. Für die Zukunft hoffe ich, dass alles so unproblematisch verläuft wie bisher und ich mit meiner Frau das Leben in vollen Zügen genießen und schöne Reisen machen kann.

17:00 Den Nachmittagstee genießen wir nach getaner Arbeit gern zusammen mit Freunden in unseren privaten Räumen im Hotel.

13:15 Nach dem Lunch bespreche ich mich vor unserem Hotel „The Elgin Hotel" in Darjeeling kurz mit meiner Frau und meinem Sohn Viraj.

TEEANBAU

Die Anfänge des indischen Teeanbaus liegen im Botanischen Garten von Kolkata, wo englische Wissenschaftler 1834 erstmals Stecklinge aus chinesischen Samen züchteten. Fast zeitgleich entdeckte man in Assam eine einheimische Teesorte, *Thea assamica,* die mithilfe chinesischer Teebauern kultiviert und 1837 erstmals geerntet werden konnte. 20 Jahre später wurden die chinesischen Stecklinge aus Kolkata das erste Mal in den Himalaya-Hochtälern von Darjeeling angebaut. Der kräftige Assam- und der blumig-aromatische Darjeeling-Tee gehören seitdem zu den edelsten Sorten weltweit und werden in großem Umfang exportiert. Im „Tea Auction Centre" in Guwahati werden jährlich 160 Millionen Kilogramm in Assam angebauten Tees versteigert, ein Sechstel der weltweiten Ernte. Ein weiteres wichtiges Anbaugebiet sind die seit 1850 bewirtschafteten Nilgiri-Berge in Südindien. Insgesamt nimmt Indien heute mit einer Produktion von 955 000 Tonnen Tee im Jahr, wovon 21 Prozent ins Ausland exportiert werden, weltweit den zweiten Platz ein. Der Tee für den einheimischen Markt stammt vor allem aus Orissa, Himachal Pradesh, Karnataka oder Westbengalen und wird meist mit Milch und Gewürzen verfeinert als Masala-Tee getrunken.

In den Teeplantagen werden die jungen Blätter und Knospen noch immer von Hand gepflückt (ganz rechts). Der Prozess ist aufwendig und kostspielig. Doch nur auf diese Weise können die besten Blätter geerntet und zu Tee verarbeitet werden.

Gleich nach der Ernte wird der Tee gewogen (ganz links), getrocknet, gerollt und in großen Wannen fermentiert (links). Die erste Trocknung (das Welken) und die Dauer der Fermentation sind entscheidend für die Qualität des Tees. Nachdem er ein zweites Mal getrocknet wurde, wird der Tee nach Blattgrößen sortiert (oben), verpackt und verschickt.

Die Flussgöttin Ganga wird besonders zu Sonnenauf- und Untergang verehrt (oben). Gegenüber von Varanasi, am südöstlichen Ufer des Ganges, liegt das 1763 errichtete Fort Ramnagar, in dem heute noch Angehörige des letzten Maharadschas von Varanasi leben (gegenüber).

VARANASI

Die 1,4 Millionen Einwohner zählende „Stadt Shivas" am Ufer des Ganges ist eine der ältesten Städte der Welt und die bedeutendste hinduistische Pilgerstadt Indiens. Sie ist geprägt von den zahllosen gläubigen Hindus, die sich in den engen Gassen und am Flussufer drängen.

Bereits vor 3000 Jahren wurde Varanasi in Erzählungen als Kashi, „die Leuchtende", erwähnt. Ihren heutigen Namen verdankt die Stadt dem sie im Nordosten begrenzenden Fluss Varana, an dessen Ufern sich vom 9. Jahrhundert v. Chr. bis ins 12. Jahrhundert n. Chr. der historische Stadtkern befand. Unter den Muslimen und Briten hieß die Stadt Benares, erhielt aber nach der Unabhängigkeit 1947 wieder ihren alten Namen Varanasi.

Das hohe Alter ist dem heutigen Varanasi kaum anzusehen. Während der Herrschaft islamischer Eroberer seit 1206 wurden mehrfach sämtliche Tempel und Kultstätten zerstört. Erst mit dem Ende des Moghulreiches und der Herrschaft hinduistischer Könige seit 1725 begann der Wiederaufbau der Heiligtümer. Die Beziehung zwischen Hindus und Muslimen ist jedoch bis heute konfliktgeladen und von gegenseitigen Ansprüchen auf die Plätze ihrer sakralen Gebäude belastet.

Die britischen Kolonialherren, die Varanasi von 1772 bis 1947 verwalteten, verzichteten auf tiefe architektonische Eingriffe, förderten aber durch den Straßen- und Eisenbahnbau das Pilgerwesen. Heute ist das Stadtbild geprägt vom Bauboom des 18. und 19. Jahrhunderts. Aus dieser Zeit stammen unter anderem die für Varanasi charakteristischen stufenförmigen Uferbefestigungen, die Ghats, die sich über sechs Kilometer am Fluss entlangziehen. Am Dasaswamedh Ghat, dem Hauptbadeplatz, sammeln sich an

Festtagen Tausende Hindus, um sich im Wasser des heiligen Ganges symbolisch zu reinigen. Viele Reisende kommen auch nur, um in Varanasi zu sterben und verbrannt zu werden, bevor ihre Asche in den Ganges gestreut und damit ihre Seelen erlöst werden. Nirgendwo sonst gibt es so viele innerstädtische Verbrennungsplätze. Am Manikarnika Ghat, dem größten Verbrennungsplatz der Stadt, finden täglich bis zu 60 Einäscherungen statt, ausgeführt von der Bevölkerungsgruppe der Dom aus der untersten Kaste der Unberührbaren.

Neben dem Geschäft mit den Pilgerströmen bildet der Handel, vor allem mit Brokat und Seide, das wirtschaftliche Rückgrat der Stadt. Varanasi ist ferner ein Zentrum hinduistischer Wissenschaft und Lehre. Unabhängig von der großen, 1926 gegründeten Universität, der Benares Hindu University, lebt hier eine Vielzahl Gelehrter, sogenannter Pandits, die eine tausendjährige Tradition der religiösen Gelehrsamkeit weiterführen. Das auf dem Universitätscampus gelegene Museum Bharat Kala Bhavan beherbergt eine reichhaltige Sammlung antiker und mittelalterlicher Skulpturen, Bilder und Handschriften.

Die Ghats von Varanasi sind das Herz der Stadt. Besonders am Dasaswamedh Ghat treffen sich die Gläubigen für rituelle Waschungen ebenso wie für die morgendliche Toilette. Meist sind die Uferbefestigungen nach Göttern, Tempeln oder Palästen benannt.

GUEST HOUSE
श्री जमुना सिल्क फैक्टी
अहिल्याबाई घाट

Am Manikarnika Ghat, dem größten Verbrennungsplatz der Stadt, brennen zu jeder Tageszeit die Leichenfeuer (ganz rechts). Berge von Holz stapeln sich um das Ghat herum (oben). Der mit Blumen geschmückte Körper des Verstorbenen wird ein letztes Mal in den Ganges getaucht (rechts), um dann verbrannt und als Asche in den Fluss gestreut und damit aus dem Kreislauf der Wiedergeburten erlöst zu werden.

Der heilige Fluss ist einer enormen Verschmutzung ausgesetzt. Industriebetriebe und Kläranlagen entlassen ihre Abwässer ungefiltert in den Fluss (links). Für Gläubige (rechts) berührt das die alles reinigende Wirkung des Flusses nicht (unten).

Das städtische Leben findet größtenteils auf der Straße statt, wo jegliche Art von Dienstleistung angeboten wird (oben). Elefanten sind nach wie vor ein beliebtes und ausdauerndes Transportmittel für Waren aller Art (rechts).

HINDUISMUS

Mehr als 80 Prozent der indischen Bevölkerung bekennen sich zum Hinduismus, der damit die am weitesten verbreitete Religion Indiens und die drittgrößte der Welt ist.

Das Wort „Hindu“ bezeichnete ursprünglich lediglich die Bewohner des Industals. Es wurde erst im 19. Jahrhundert von den Engländern als Sammelbezeichnung für all jene eingeführt, die nicht Muslime, Christen, Juden, Buddhisten oder Jainas waren. Tatsächlich ist der Hinduismus keine einheitliche Glaubensgemeinschaft, sondern umfasst verschiedene Strömungen und Inhalte. Gemeinsam ist allen Hindus jedoch die Anerkennung ihrer heiligen, mehr als 3000 Jahre alten Schriften, der Veden, Brahmanas und Upanishaden, der Bhagavadgita und der Puranas sowie deren Kerngedanken.

Ein zentraler Gedanke im Hinduismus ist das Vorhandensein einer Weltseele (*brahman*), die mit der individuellen Seele des Menschen (*atman*) eine Einheit bildet. Die menschliche Seele ist jedoch gebunden an einen immerwährenden Kreislauf von Wiedergeburten (*samsara*) – eine Vorstellung, die nicht nur das religiöse Denken, sondern auch das gesellschaftliche Leben, etwa die Kastenordnung, beeinflusst. Die Wiedergeburt ist ein Naturgesetz und nicht an das Wohlwollen der Götter gebunden. Vielmehr hängt sie von den Taten (*karman*) jedes Menschen ab. Gute Taten führen zu einer guten Wiedergeburt der Seele, schlechte Taten zu einer schlechten Wiedergeburt. Diese Wanderung der Seele in einen anderen Körper wird als Zwang empfunden, und die Erlösung (*moksa*) aus dem Kreislauf der Wiedergeburten gilt als oberstes Ziel. Der Erreichung dieses Ziels dient die rituelle Praxis des Hinduismus, zu der Meditation, Götterverehrung und Askese zählen. Die Götter unterliegen ebenso dem Samsara wie die Men-

Die Verehrung der Götter findet meist im Rahmen von *pujas* statt, bei denen den Göttern Speisen, Blumen, Räucherwerk und kleine Öllämpchen dargebracht werden (rechts). Eine besondere Art von Religiosität verkörpern die Sadhus, die ihr weltliches Leben aufgegeben haben, um als Asketen zu leben (oben).

schen. Ausgenommen sind nur die beiden großen Götter Vishnu und Shiva, von denen die meisten Hindus jeweils einen als Hauptgott verehren. Vishnu und Shiva treten in verschiedenen Erscheinungsformen auf und haben jeweils ein Reittier (das Fabelwesen Garuda bzw. den Stier) und eine Gemahlin (Lakshmi bzw. Parvati), die oft selbst religiöse Verehrung genießen. Besonders beliebt sind zudem der elefantenköpfige Gott Ganesha und Durga, eine Form der Parvati, die vor allem in Bengalen verehrt wird. Der dritte Hauptgott, Brahma, der Schöpfergott, ist in den Hintergrund getreten und findet heute kaum noch eigene Verehrung.

Die Göttervielfalt im Hinduismus scheint unüberschaubar, besitzt doch jeder der zahlreichen Götter auch noch verschiedene Namen und Erscheinungsformen. Shiva wird oft als Nataraja, der Herr des Tanzes, verehrt (links). Besonders beliebt sind Vishnus Gemahlin Lakshmi, die Göttin des Glücks und Reichtums (rechts), und Ganesha, der Süßigkeiten liebende Elefantengott, Sohn Shivas und Parvatis (ganz rechts).

Am Ort der Erleuchtung des Buddha treffen sich Mönche aus aller Welt zur gemeinsamen Meditation (oben).

Während des Monsuns treten in Bihar zahlreiche Flüsse über ihre Ufer und überschwemmen ganze Dörfer (rechts). Schuld daran sind neben den Niederschlägen auch großflächige Abholzungen und die daraus resultierende Bodenerosion.

PATNA

Umgeben von fruchtbarem Ackerland, war die Hauptstadt Bihars seit jeher ein wichtiges Handelszentrum für Agrargüter, vor allem Reis, Getreide, Zuckerrohr und Sesam. Sie erstreckt sich über zehn Kilometer entlang des Ganges und gliedert sich in den älteren Stadtteil Ost-Patna sowie das neuere West-Patna.

Seit dem 5. Jahrhundert v. Chr. war das damalige Pataliputra die Hauptstadt des Magadhareiches und blieb auch unter der Herrschaft der Mauryas Regierungssitz des Großreiches.

Die weitere Geschichte Patnas liegt weitgehend im Dunkeln, sodass nur vermutet werden kann, dass sie im 7. Jahrhundert aufgegeben oder zerstört wurde. Das heutige, zwei Millionen Einwohner zählende Patna wurde im 16. Jahrhundert erbaut und verfügt mit der „Khuda Baksh Library" über eine ausgezeichnete Sammlung alter arabischer und persischer Handschriften. Südlich der Bibliothek steht das bizarre Gol Ghar, ein von John Garsting 1786 erbauter halbkugelförmiger Kornspeicher von 30 Meter Höhe.

Nicht weit vom modernen Patna entfernt liegt Bodh Gaya. Der Ort, an dem Buddha Shakyamuni die Erleuchtung erlangte, ist der heiligste Ort des Buddhismus und noch immer höchst lebendig. Buddhisten aus zahlreichen benachbarten Ländern haben hier um den 55 Meter hohen Mahabodhi-Tempel Klöster und Kultstätten errichtet.

Unter dem Bodhi-Baum in Bodh Gaya (links) soll der historische Buddha nach langer Meditation seine Erleuchtung erlangt haben. Daneben wurde um 1900 der große Mahabodhi-Tempel wiederaufgebaut (rechts), dessen Kern aus dem 12. Jahrhundert stammt. Im Inneren befindet sich eine goldene Figur des Buddha (oben).

Quellen und Zusammenflüsse besitzen in Indien eine besondere religiöse Bedeutung. Am Zusammenfluss von Gandak und Ganges in der Nähe von Patna kommen Hunderte Pilger zum Bad und zum größten Viehmarkt Asiens zusammen (ganz links). In Rajgir strömen sieben bis zu 45 Grad heiße Quellen (Saptadhara) aus dem Fels, mit deren Wasser schon Buddha Kranke geheilt haben soll (links).

DER BENGALISCHE TIGER

Das Nationaltier Indiens wird geliebt und gefürchtet zugleich. Der Königstiger *(Panthera tigris tigris)* ist die zweitgrößte Unterart des Tigers nach dem Sibirischen Tiger. Einst war er von Pakistan bis Birma (Myanmar) über den indischen Subkontinent verbreitet. Die größte Population gibt es heute in den Mangrovenwäldern der Sundarbans im Grenzgebiet von Indien und Bangladesh.

Von den früher 40 000 Tigern existieren in Indien heute nur noch schätzungsweise 3500. Der Großteil fiel Wilderern zum Opfer, die mit dem rotgoldenen Fell und den Knochen ihre Geschäfte in China, Taiwan und Südostasien machten. Der weitere Rückgang lässt sich auf Umweltverschmutzung und die Abholzung der Wälder zurückführen, die sein Lebensraum sind. Obgleich die Tigerjagd, die früher das Privileg der Maharadschas und der britisch-indischen Oberschicht war, seit 1971 verboten ist und die Wälder in zahlreichen Schutzzonen bewahrt werden, bleiben beide Faktoren als Bedrohung bestehen. Der Rückgang der Wälder führt auch dazu, dass die Tiger immer näher an Siedlungen herankommen, wo Kühe, Hunde und in Einzelfällen Menschen zu seiner Beute werden. Artenschützer versuchen mit Hilfe verschiedener Projekte einen Weg zu finden, der die Bedrohung für Menschen und Tiger vermindert.

Vom Aussterben bedroht:
Auch die letzten Exemplare des bis zu drei Meter langen bengalischen Tigers werden von Wilderern gejagt, die seine Knochen für die illegale Herstellung von Heilmitteln verkaufen.

RANCHI ist die Hauptstadt und das Verwaltungszentrum des Bundesstaates Jharkhand seit dessen Ausgliederung aus dem Bundesstaat Bihar im Jahr 2000. Einst die Sommerhauptstadt Bihars, ist das auf dem Chotanagpur-Plateau gelegene Ranchi heute eine schnell wachsende Industriestadt mit knapp 900 000 Einwohnern. Neben der Zement- und Schwerindustrie ist vor allem das 1958 gegründete staatliche Maschinenbau-Unternehmen „Heavy Engineering Corporation" von wirtschaftlicher Bedeutung für die Stadt. Die Dörfer der Umgebung werden als die „Gemüseschüssel Jharkhands" bezeichnet, da sie als Umschlagplatz für das Gemüse des ganzen Bundesstaates dienen, das von hier in die verschiedenen Distrikte transportiert wird. Daneben ist das Chotanagpur-Plateau die an Kohle und Mineralien reichste Region ganz Indiens. Hier leben zahlreiche Adivasi, einheimische Volksgruppen wie die Santhal oder Oraon.

Nordöstlich von Ranchi befindet sich auf dem Berg Parasnath einer der heiligsten Pilgerorte der Jainas in Indien. In 1300 Meter Höhe stehen die Tempel der 24 Thirthankaras, der heiligen Wegbereiter des Jainismus. 20 von ihnen sollen an diesem Ort ins Nirvana eingegangen sein, darunter der 23. Jina Parsvanatha, dessen Tempel im 18. Jahrhundert erbaut wurde.

Die Einwohner Jharkhands leben meist von der Landwirtschaft (links). Nur 0,1 Prozent von ihnen bekennen sich zum Jainismus, und dennoch stehen auf dem 1300 Meter hohen Berg Parasnath einige der wichtigsten jainistischen Tempel ganz Indiens (rechts).

TATA
NOVUS

Das zweitgrößte Stahlwerk Indiens (oben) und die Fahrzeugproduktion (links) machen Jharkhand zu einem der wichtigsten Industriestandorte Indiens. Besondere Bedeutung hat der Großkonzern Tata mit seinen Stahlwerken (tata steel) und Automobilfabriken (tata motors).

SITZ DER GÖTTIN KALI

KOLKATA

KNESS
TIWARI
G MERCHANTS & GENERAL ORDER
SUPPLIERS.

Kali, die wichtigste Göttin im nach ihr benannten Kolkata (oben), ist im Straßenbild überall präsent. Sie verkörpert Zerstörung ebenso wie Mutterschaft, in früherer Zeit wurden ihr Tieropfer dargebracht. Aber auch das britisches Erbe zeigt sich vielerorts, so rund um das 1921 errichtete Victoria Memorial, wo bis heute Polo gespielt wird (rechts).

KOLKATA

Die 13-Millionen-Metropole am Hugli, einem Mündungsarm des Ganges, ist die Hauptstadt des Bundestaates Westbengalen. Bis 2001 unter dem Namen Kalkutta bekannt, entwickelte sich die Stadt in nur 300 Jahren von einem kleinen Dorf zu einer der größten Städte Indiens. Ihr Name geht auf das Fischerdorf Kalikata zurück. Ganz in der Nähe gründete die britische East India Company unter Job Charnock 1690 eine Handelsniederlassung. 1696 begannen die Briten mit dem Bau von Fort William, einem Vorgänger des im Maidan Park gelegenen Forts von 1756. Die folgenden Jahrzehnte waren geprägt vom blühenden Handel mit Stoffen, Gewürzen und Opium sowie einem stetig wachsenden Strom arbeitssuchender Zuwanderer aus ganz Indien – 20 Jahre nach der Gründung zählte Kolkata bereits 12000 Einwohner. 1773 wurde die Stadt Sitz des Generalgouverneurs der East India Company, was unter Gouverneur Cornwallis (1786–1793) auch im Stadtbild deutlich wurde: Ein Regierungssitz, Verwaltungsgebäude, großzügige Plätze und Grünanlagen wurden eingerichtet und verliehen der Stadt europäischen Charme. Die „White Town" entstand rund um den Dalhousie Square, den heutigen BBD Bagh. Nördlich davon lag die von Einheimischen bewohnte „Black Town". Sie ist mit ihrem lebhaften Bara-Basar heute das Handels- und Finanzzentrum Kolkatas.

Mit der Auflösung des Handelsmonopols der East India Company und der Übernahme durch die britische Krone 1858 nahm die Stadt noch einmal an Wirtschaftskraft und Bedeutung zu. Kolkata erlebte durch weitere Zuwanderungen, eine stärkere Anbindung an den Weltmarkt und den Ausbau von Straßen und Eisenbahnen eine explosionsartige Entwicklung und wurde zur bevölkerungs-

TATA
TATA STEEL
60
30

reichsten Stadt Indiens. Das Stadtbild beherrschen seitdem Prunkstücke der viktorianischen Ära wie das Writers Building, das neogotische Gerichtshaus oder das Hauptpostamt.

Gleichzeitig wurde die Stadt intellektueller Mittelpunkt Indiens. Eine neue bengalische Bildungselite entstand, die sich in regierungskritischen Gremien engagierte und den Europäern Konkurrenz machte. Bis zum Ende des 19. Jahrhunderts entwickelte sich Kolkata zum Zentrum der aufkeimenden Nationalbewegung, einer der Gründe für die britische Kolonialmacht, die Hauptstadt 1911 ins politisch weniger brisante Delhi zu verlegen. Dennoch blieb die Stadt die führende Wirtschaftsmetropole des Subkontinents, insbesondere aufgrund der Jute verarbeitenden Industrie und des Hafens.

Mit der Unabhängigkeit 1947 und der Teilung Bengalens sah sich Kolkata Millionen von Flüchtlingen sowie dem Verlust der Juteanbauflächen gegenüber. Beides zusammen verursachte eine wirtschaftliche Krise, von der sich die Stadt bis heute kaum erholt hat. Auch unter der Führung der linksgerichteten Regierungen von 1967 bis 1972 und seit 1977 konnte der wirtschaftliche Stillstand nicht überwunden werden. Investoren blieben aus, Arbeitssuchende gingen nun lieber nach

Am BBD Bagh, früher Dalhousie Square, stehen die Prunkgebäude der Kolonialzeit (unten). Auch die 1905 eingeführten Straßenbahnen sind britischen Ursprungs und fahren heute mit derselben Ausstattung wie damals (rechts).

FIFA Confederations Cup Germany 2005
ESPN STAR SPORTS
২০৫
বিশ্ব চ্যাম্পিয়ন ব্রাজিল বনাম
৭-টি অন্য চ্যাম্পিয়ন
ive & Exclusi
ESPN
Number 1 in Sport
205

Delhi und Mumbai. Die Armut wuchs, sodass 2001 jeder dritte Einwohner in einem Slum lebte. Das sind im Großraum Kolkata heute schätzungsweise 5 Millionen Menschen. Die sogenannten Basties waren anfänglich von den Bediensteten der East India Company bewohnt. Inzwischen gibt es überall in der Stadt Tausende solcher Behausungen in meist katastrophalem Zustand. Dazu kommen mangelnde Wasserversorgung, wilde Mülldeponien, tosender Verkehr, Luftverschmutzung und der zunehmende Verfall der einst prunkvollen Paläste und Häuser.

Dennoch gilt Kolkata bis heute als die intellektuelle und kulturelle Hauptstadt Indiens mit Hunderten von Theatern und Kunstausstellungen, als Heimat großer Schriftsteller wie Rabindranath Tagore, Amitav Gosh und Amit Chauduri, als Zentrum traditionellen indischen Lebensstils, wie er sich etwa im Gewirr rund um den Kalitempel zeigt, eines der Wahrzeichen Kolkatas. Überdies verfügt die Stadt mit dem 1875 gegründeten Indian Museum über die größte und beste Sammlung indischer Kunst. Zu ihr gehören die Ediktsäulen Ashokas, der Zaun des Stupa von Bharhut sowie die Buddhadarstellungen aus Gandhara.

Die Stadt der Rikschawallas ist die einzige in ganz Indien, in der noch von Menschen gezogene Rikschas verkehren (ganz links). Die meisten Bewohner der Vororte Kolkatas kommen täglich in einem der überfüllten Züge in die Stadt (links).

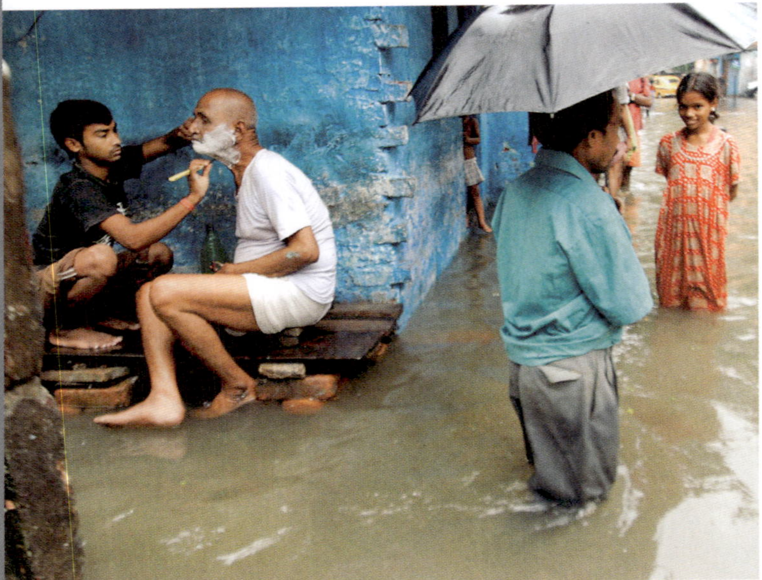

Häufige Überschwemmungen erschweren das städtische Leben besonders während des Monsuns, wenn die Straßen knietief überflutet sind. Die Einwohner scheinen sich dennoch damit zu arrangieren (oben). Oft kommen nur noch die Rikschawallas vorwärts (rechts), die dafür aber einen hohen Preis verlangen.

Der Kali-Tempel von Dakshineshwar, 1847 im bengalischen Stil erbaut, ist Kolkatas Wahrzeichen (links). Doch es finden sich noch zahlreiche weitere Bauwerke der unterschiedlichen Religionsgruppen Indiens in der Stadt, so der reich verzierte Sitambara-Tempel der Jainas von 1862 (oben).

Die Verehrung der Göttin Devi ist in Bengalen besonders ausgeprägt. Vor allem während der Durga Puja, dem wichtigsten bengalischen Fest des Jahres, werden neun Tage lang die verschiedenen Aspekte und Erscheinungsformen der Göttin verehrt. Die größte Verehrung erfährt sie als Durga, die meist als Siegerin über den Büffeldämon dargestellt wird und dem Fest seinen Namen gab. Am achten Tag der Feierlichkeiten genießen die jungen Mädchen unter 16 Jahren eine besondere Aufmerksamkeit. Die Kumaris werden als leibhaftige jungfräuliche Form der Durga verehrt und mit Blumen, Kleidung, Schmuck und Opfergaben beschenkt (oben). Meist wird eine Kumari ausgewählt, die mit Girlanden geschmückt auf dem Thron vor einem Idol der Göttin Durga sitzt, wo sie die gleichen Ehrungen erfährt wie die Göttin selbst (links und rechts).

Die Slums von Kolkata liegen verteilt inmitten des Stadtgebiets. Einige der legalen Slumviertel, Basties genannt, wurden inzwischen mit Steinhäusern, Straßen sowie Licht und Toiletten ausgestattet. Die meisten bestehen jedoch nach wie vor aus einfachen Blech- oder Holzhütten.

Das Armenhaus Indiens wird Kolkata oft genannt. Tatsächlich leben außer den vier Millionen registrierten Slumbewohnern schätzungsweise eine Million Menschen in unregistrierten Hütten (rechts) oder auf der Straße (oben).

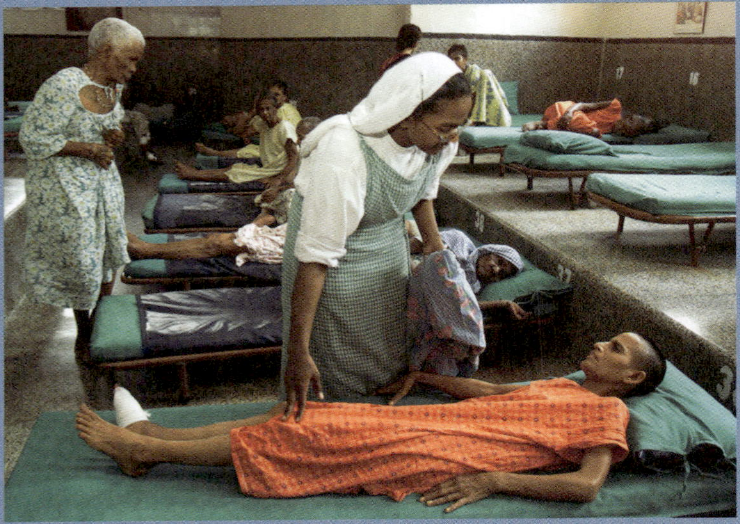

Mutter Teresa wurde weltweit zu einem Symbol der Nächstenliebe. Die als Agnes Gonxha Bojaxhiu 1910 in Skopje geborene katholische Nonne ging 1928 nach Bengalen, wo sie viele Jahre als Lehrerin an einer Missionsschule tätig war. 1950 gründete sie den Orden der „Missionarinnen der Nächstenliebe", legte ihre Nonnentracht ab und lebte zusammen mit den Ärmsten in den Slums Kolkatas, wo sie sich um Sterbende, Waisen und Leprakranke kümmerte (rechts). Sie gründete das Sterbehaus Nirmal Hriday (oben) sowie Krankenstationen und Schulen. Für ihr Engagement wurde sie unter anderem 1979 mit dem Friedensnobelpreis ausgezeichnet. 2003, sechs Jahre nach ihrem Tod, wurde sie vom Papst seliggesprochen. Inzwischen gehören 3500 Schwestern in 133 Ländern der Welt ihrem Orden an.

Der Blumenmarkt Kolkatas ist ein duftendes Meer aus goldenen Tagetes, weißem Jasmin, violettem Akanthus und rotem Hibiskus, die als Girlanden gebunden kiloweise verkauft werden. Die farbenprächtigen Blüten werden den Göttern dargebracht oder für die eigene Fest- und Hausdekoration verwendet.

Die Anfertigung von Skulpturen hat eine lange Tradition. In Kumartulli, dem Bildhauerviertel Kolkatas, leben etwa 300 Künstlerfamilien. Sie fertigen neben Bronze- und Steinskulpturen auch die bis zu lebensgroßen Lehmfiguren von Göttern an, die an Festtagen geschmückt und dem Fluss dargebracht werden.

In den Eden Gardens, dem ältestem Kricket-Stadion des Subkontinents, finden die Weltmeisterschaften im Lieblingssport der Inder statt (ganz rechts). Das lokale Kricketteam, die Kolkata Knight Riders, werden von Bollywood-Filmstar Sharukh Khan (unten) unterstützt, der auch Co-Besitzer des Vereins ist.

FOOTSEE
VIRGO

Die großen, teuren Einkaufszentren Kolkatas stehen im krassen Gegensatz zur Armut der Stadt. Im Shri Ram Shopping Centre (ganz links) kauft die reiche Oberschicht Mode, Leder, Bücher und Juwelen höchster Qualität und Preisklasse.

Vergnügen am Wasser Während sich die Upper Class in dem 2000 eröffneten Aquatica Water Park erholt (oben), springen die ärmeren Jugendlichen zur Abkühlung in den schadstoffbelasteten Hugli-Fluss im Westen der Stadt (links).

SRIPARNA DEV DUTTA, **SOFTWARE-ENTWICKLERIN, KOLKATA**

7:05 Nach einem kleinen Morgenspaziergang frühstücken mein Mann und ich entspannt und stärken uns für den Tag.

Ich bin 30 Jahre alt, verheiratet und habe keine Kinder. Mein Mann arbeitet im Export-geschäft und hat noch zwei jüngere Brüder und eine Schwester, ich selbst habe keine Geschwister. Die meisten unserer Familienmitglieder sind bei größeren Firmen (Stahl oder Chemie) oder bei Banken angestellt.

Mein Beruf als Software-Entwicklerin nimmt eine wichtige Rolle in meinem Leben ein. Das Diplom habe ich am NIIT (National Institute of Information Technology) gemacht. Durch ein Internet-Stellenportal habe ich meine derzeitige Anstellung gefunden. In unserer Firma übernehme ich im Rahmen der Softwareentwicklung alle Aufgaben eines Projekts – von der Planung bis hin zu Durchführung und Fehlerbehebung. Besonders viel Wert lege ich darauf, die Kunden gut zu betreuen und ihnen am Ende ein Produkt zu präsentieren, das genau auf ihre Bedürfnisse zugeschnitten ist. Wenn ich es geschafft habe, ein Lächeln auf das Gesicht des Kunden zu zaubern, bin ich zufrieden. Oft gibt es straffe Zeitpläne, die zu langen Arbeitszeiten zwingen. Dinge wie Einkauf, Bankgeschäfte und Haushalt erledige ich daher meist am Wochenende.

„Der Welt jeden Tag etwas Neues zu liefern gibt mir Energie und verstärkt die Liebe zu meinem Beruf."

Meine Eltern leben ebenfalls in Kolkata und besuchen uns häufig in unserem Vier-Zimmer-Apartment – meist am Wochenende, das immer sehr ausgefüllt ist. Wenn die notwendigen Erledigungen gemacht sind, treffen wir uns oft

14:50 Die Projekte zu koordinieren und die Kunden zufriedenzustellen ist oft gar nicht so einfach. Immer wieder werden Nachbesserungen gewünscht.

mit Freunden, besuchen unsere Familie, gehen ins Kino oder ins nächste Shoppingcenter. Meistens essen wir dann auch in einem Restaurant. Während der Woche kochen wir aber abends nach der Arbeit selbst und bereiten Lunchboxen für den nächsten Arbeitstag vor.

Weil die Kosten für den Lebensunterhalt, die medizinische Versorgung und auch für Schulbildung stetig steigen, arbeite ich jetzt sehr ehrgeizig, damit meine Familie in Zukunft ohne Probleme leben kann. Für diesen Traum halte ich mich immer auf dem Laufenden und beobachte die neuesten Trends in der IT- Branche.

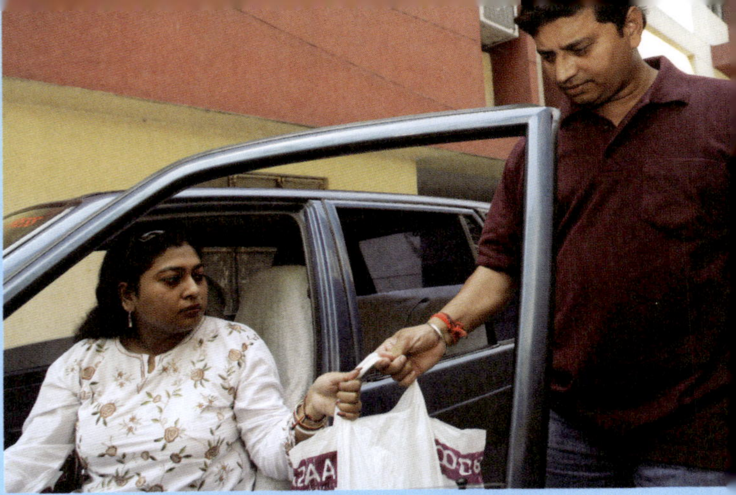

11:25 Am Wochenende werden zuerst wichtige Dinge wie Haushalt und Einkaufen erledigt. Zusammen bummeln wir über den Markt und schauen uns die Waren an.

15:20 Um uns von der anstrengenden Woche zu erholen, machen wir eine Tour mit unserem Motorrad.

17:00 Meine Eltern besuchen uns oft. Ich bin ihre einzige Tochter. Am Wochenende tauschen wir gern mit ihnen die Neuigkeiten der vergangenen Woche aus.

In ausgewählten Straßen haben sich Händler angesiedelt, die alle erdenklichen Ersatzteile für Autos, Rikschas oder Fahrräder anbieten (oben und rechts). Die Rikschafahrer, die ihre Gefährte oft nur gemietet haben, sind selbst für die Reparatur der Rikschas zuständig (links).

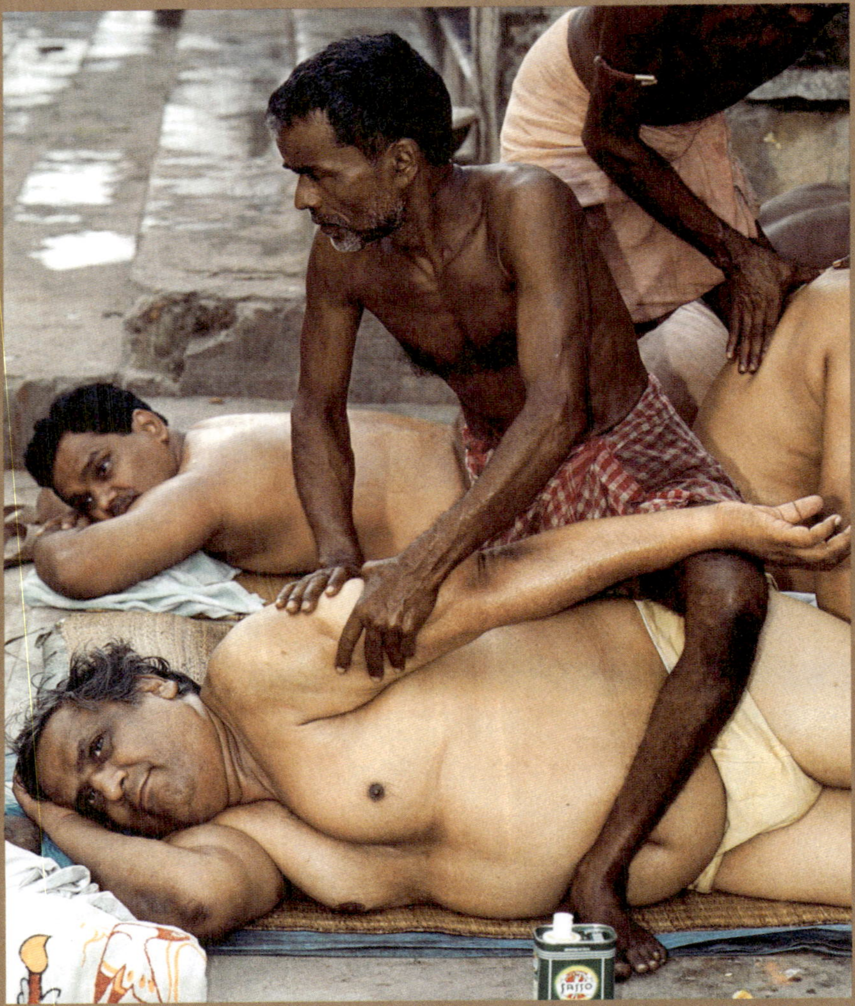

Die traditionelle ayurvedische Massage nehmen viele Einwohner vor ihrem rituellen Bad im Hugli-Fluss in Anspruch. Oft findet sie direkt auf der Straße oder an einem der befestigten Badeplätze statt. Heute arbeiten jedoch nur noch eine Handvoll Masseure in der Stadt, weil die Konkurrenz der neuen privaten Massagezentren zugenommen hat.

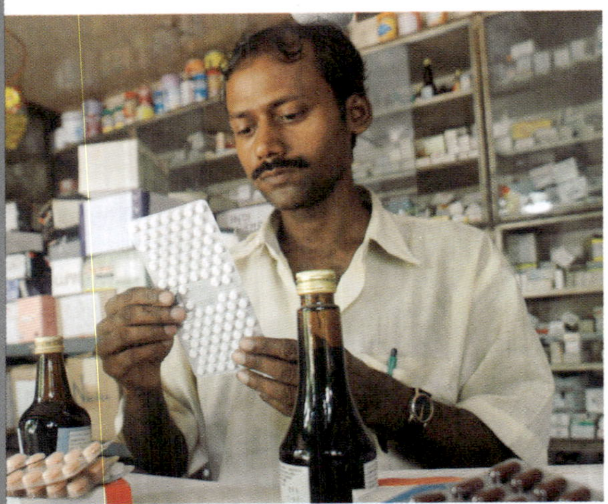

Die Gesundheitsvorsorge ist vor allem in den Slums und Rotlichtvierteln (ganz rechts) wichtig, wo die Einwohner kaum gebildet sind und unter schlechten hygienischen Bedingungen leben. Viele Gesundheitschecks und Impfungen finden direkt auf der Straße statt (rechts), wo viele Menschen erreicht werden können. Der Besuch einer Apotheke (oben) bleibt für viele ein Luxus.

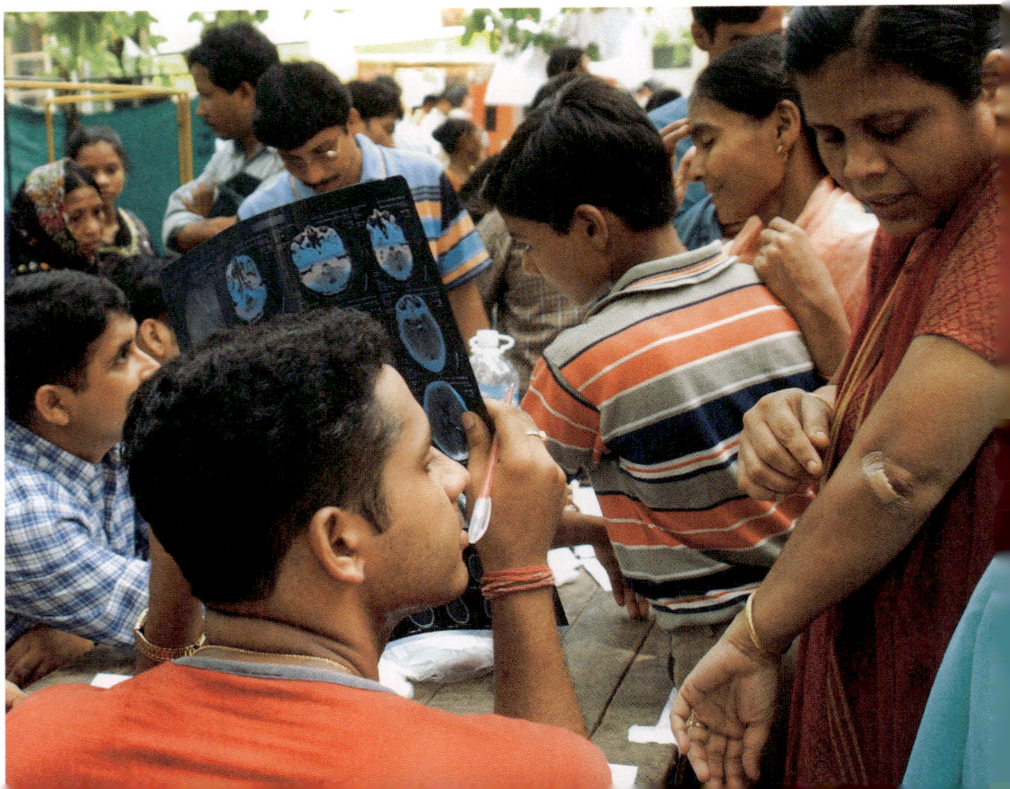

DAS HERZ INDIENS

MITTELINDIEN

308 Einleitung
314 Bhopal
324 Mandu
328 Ajanta & Ellora
332 *Der indische Elefant*
334 Mumbai
374 *Bollywood*
378 Pune
384 Hyderabad
414 *Der Sari*

Fortbewegung hat in Indien immer etwas mit Improvisation zu tun. In den Städten gilt es, sich durch den dichten Verkehr zu manövrieren (oben), auf dem Land werden immer noch die genügsamen Kamele eingesetzt (rechts).

MITTELINDIEN

Die Landschaft Mittelindiens wird weitgehend geprägt vom Dekkan-Plateau. Im Westen ist dieser geologisch älteste Teil Indiens eingegrenzt von den Gebirgszügen der Westghats und im Osten von den wesentlich niedrigeren Bergzügen der Ostghats. Tief eingeschnitten in die zerklüfteten Felsformationen bahnen sich die großen Flüsse Godavari, Krishna und Tungabhadra ihren Weg nach Osten in den Golf von Bengalen. Das Plateau dehnt sich insgesamt über acht Bundesstaaten aus, darunter Madhya Pradesh, Maharashtra und Andhra Pradesh.

Der zwischen den Flussebenen des Nordens und den Küstenregionen des Südens gelegene Dekkan war immer heiß umkämpft. Die Kontrolle über die Häfen im Süden bedeutete Macht und Reichtum und so hinterließen alle großen Eroberer hier ihre Spuren. Ashoka, der große Mauryakaiser und Förderer des Buddhismus, legte im 3. Jahrhundert v. Chr. in Sanchi den Grundstein für eine buddhistische Tempelanlage. Später folgten die Chandelas, die zwischen 930 und 1050 die einzigartigen Tempel von Khajuraho errichteten. Zu Beginn des 11. Jahrhunderts kamen die muslimischen Heere nach Zentralindien. Mahmud von Ghazni war der erste Feldherr, gefolgt von Mohammad Ghuri. Nach dem Zerfall der Großreiche der Ghaznawiden und der Ghuriden ging ein Teil Zentralindiens in das Sultanat von Delhi ein. Zahlreiche Festungsanlagen, unter anderem in Gwalior und Daulatabad, und die imposante Haji-Ali-Moschee in Mumbai sind Zeugnisse dieser Epoche. Unter der britischen Herrschaft wurde das Gebiet zunächst als Central India Agency zusammengefasst und später in mehrere Provinzen unterteilt.

Der Bundesstaat Madhya Pradesh, „das Mittlere Land", wurde erst 1956, neun Jahre nach der indischen Unabhängigkeit, gegründet. Er bildet das Herz des indischen Subkontinents und ist unter anderem bekannt für seine Holz- und Textilindustrie. Geographisch gehört die Region zu den interessantesten in Indien. Sie liegt größtenteils auf dem Dekkan-Plateau in knapp 500 Meter Höhe und wird von der Vindhya- und der Satpura-Bergkette durchzogen. Die größten Flüsse sind Chambal, Betwa und Sindh. Nahezu ein Drittel der Fläche des Bundesstaates ist von Wäldern bedeckt. Ursprünglich der größte indische Bundesstaat, musste Madhya Pradesh diesen Rang an Rajasthan abtreten, als 2001 sein südöstlicher Teil abgetrennt und der neue Bundesstaat Chhattisgarh gegründet wurde. In Madhya Pradesh mit der Hauptstadt Bhopal leben heute circa 60 Millionen Menschen. Doch schon vor einer halben Million Jahren war die Region bewohnt, wie zahlreiche Malereien und archäologische Relikte in Felsenhöhlen bezeugen. Für die Drawiden, die Urbevölkerung Indiens, war das Gebiet ein idealer Rückzugsort, als sie vor den indoarischen Eroberern fliehen mussten. Und noch heute leben hier viele drawidische Stammesgruppen.

Feldarbeit ist in Mittelindien ein mühsames Unterfangen. Meistens bearbeiten Bauern mit Ochsen und Pflug die Felder (oben). Die Böden sind hier besonders trocken und steinig (links).

Der im Süden angrenzende Bundesstaat Maharasthra ist der drittgrößte Indiens und zeichnet sich besonders durch seine hohe Urbanisierung aus. Der enorme Anstieg der Bevölkerung (auf heute fast 100 Millionen) führte dazu, dass in den letzten Jahrzehnten ein großer Teil der Wälder abgeholzt wurde. Maharashtra gilt als der modernste Bundesstaat Indiens. Er präsentiert sich vor allem in Mumbai selbstbewusst mit riesigen, in den Himmel ragenden Wolkenkratzern, einer geschäftigen Industrie und lebendigen Handelsbeziehungen vor allem zu den Anrainern des Arabischen Meers. Maharashtra lässt sich in zwei geographische Zonen einteilen: die Hochebene, die Teil des Dekkan-Plateaus ist, und die etwa 720 Kilometer lange Konkanküste. Parallel zur Küste verläuft der Gebirgszug der Westghats. Typisch für Maharashtra sind vulkanisches Gestein und Lava-

betten, die wie schwarze Gürtel die Landschaft durchziehen. Maharashtra war einst Teil des Maurya-Reiches, wurde aber schon vom 3. Jahrhundert v. Chr. an von verschiedenen lokalen Dynastien regiert. Im 13. Jahrhundert fiel Maharashtra unter die Herrschaft des Sultans von Delhi. 400 Jahre war die Region von muslimischen Machthabern regiert, bis sie Anfang des 17. Jahrhunderts von den Marathen erobert wurde. Shivaji, der Anführer der hinduistischen Marathen, eroberte in kurzer Zeit ein Territorium, das vom Arabischen Meer bis nach Zentralindien reichte. Das Gebiet ist bis heute durch seine kriegerische Geschichte geprägt: Entlang der Westghats und dem Satpura-Gebirgszug existieren noch 175 Festungsanlagen. Im 18. Jahrhundert wurde Maharashtra unter britischer Herrschaft Teil der Provinz Bombay Presidency. 1960 trennte man Gujarat und Maharashtra und verlieh Maharashtra den Status eines Bundesstaates.

Das südöstlich angrenzende Andhra Pradesh, der viertgrößte Bundesstaat Indiens mit heute 80 Millionen Einwohnern, gilt als Brücke nach Südindien. Mit fast 1000 Kilometern besitzt Andhra Pradesh die längste Küstenlinie aller Bundesstaaten. Der Name bedeutet in Sanskrit „Land der Andhra". Der Überlieferung nach gab es um 300 v. Chr. im drawidischen Reich der Andhra 30 befestigte Städte und eine riesige Armee. Bis heute ist die am weitesten verbreitete Sprache in Andhra Pradesh das zur drawidischen Sprachgruppe gehörende Telugu. Die Metropole Hyderabad, ursprünglich von Muslimen gegründet, ist heute eine moderne Industriestadt, die den größten IT-Park Asiens und das weltgrößte Filmstudio beherbergt.

Indiens Industrie und Wirtschaft boomt. Unternehmen wie Tata, Infosys, Satyam und die Aditya Birla Group zählen inzwischen zur internationalen Spitze. Motivierte Facharbeiter und talentierte Hochschulabsolventen sind begehrt (oben). Indien ist im asiatischen Raum das Land mit den höchsten Gehaltssteigerungen und der am stärksten ansteigenden Produktivität. Asiens älteste Börse in Mumbai ist ein Symbol dafür (links).

BHOPAL

Traurige Berühmtheit erlangte Bhopal durch die Katastrophe vom 3. Dezember 1984, als nach einem Unfall in einer Chemiefabrik Tausende Menschen von einer durch die Stadt treibenden Giftgaswolke getötet wurden. Vorher war Bhopal vor allem bekannt für seine historischen Bauwerke und die Schönheit der umgebenden Landschaft. Die Hauptstadt des Bundesstaates Madhya Pradesh mit ihren 1,5 Millionen Einwohnern liegt am Ufer zweier künstlicher Seen, Upper Lake und Lower Lake. Gegründet wurde die Stadt im 11. Jahrhundert unter dem Namen Bhojapal von Raja Bhoja (1010–1053), dem König von Dhar. Aufgrund einer Weissagung errichtete er an dieser Stelle einen Damm und gründete an den beiden dadurch entstandenen künstlichen Seen die neue Hauptstadt. Ende des 17. Jahrhunderts eroberte der aus Afghanistan stammende Dost Muhammad Khan (1672–1740), ein ehemaliger General des Moghulkaisers Aurangzeb, das Gebiet. Er errichtete auf den Trümmern des zerfallenden Moghulreiches einen eigenen Staat und erklärte 1723 Bhopal zur Hauptstadt. Die von Dost Muhammad Khan gegründete Dynastie bestand bis 1956 und wurde zu einer der mächtigsten Herrscherfamilien Zentralindiens. Eine historische Besonderheit ist, dass Bhopal von 1819 bis 1926 ausschließlich von Begums (Prinzessinnen) regiert wurde. Viele der berühmten Bauwerke und Moscheen entstanden unter ihrer Herrschaft, so etwa die Jami Masjid, die Freitagsmoschee, die mit

Millionen heiliger Männer, sogenannte Sadhus, ziehen in Indien durch das Land. Sie gestalten ihr Leben je nach Schule und Orden unterschiedlich (oben ein Vaishnava-Sadhu). Durch ständige Buße und Askese versuchen sie Erlösung zu erlangen.

Massenhochzeit in Indien Eine außergewöhnlich gute Sternenkonstellation sorgt regelmäßig am Aksha-Tritiya-Tag für einen Großeinsatz der Hindupriester. Der Tag verspricht Reichtum und ein glückliches Eheleben (rechts).

Taj ul-Masjid, auch „Mutter der Moscheen" genannt, ist Indiens größte Moschee, erbaut 1878 von Shah Jahan Begum. Regelmäßig finden sich hier Tausende Gläubige zum Freitagsgebet ein (links). In der angeschlossenen Koranschule lernen Jugendliche, den Koran zu rezitieren (rechts).

ihren roten Sandsteinmauern und weißgetünchten Kuppeln die Altstadt dominiert. Die Moschee wurde im Jahr 1837 auf dem Fundament eines Hindutempels erbaut.

Typisch für Bhopals Stadtbild ist die eigenwillige Mischung aus den Zeugnissen jahrhundertelanger muslimischer Vergangenheit und modernen Verwaltungs- und Industriebauten. Das moderne Stadtgebiet des New Market – eine Ansammlung von Geschäfts- und Bürobauten – erstreckt sich über die Hügel im Süden der beiden Seen. Wichtige Industriezweige sind neben der Chemieindustrie die Baumwoll- und Edelsteinverarbeitung. Die ummauerte Altstadt mit ihren verwinkelten engen Gassen liegt im nördlichen Stadtviertel Chowk rund um die Jami Masjid. Auf den pulsierenden Basaren in den staubigen Seitengassen werden Tabak, Silberschmuck, Rohseide sowie perlenverzierte Handtaschen feilgeboten. Von den Balkonen hängen kunstvoll mit geometrischen, islamischen Mustern verzierte Tücher. Als eines der bedeutendsten indischen Kunst- und Kulturzentren besitzt Bhopal zahlreiche Museen, Galerien und Theater.

Karneval auf Indisch Das Holi-Fest, auch Wasserfest genannt, gehört zu den fröhlichsten Festen Indiens. Es wird am Vollmondtag im Hindumonat Phalgun (Februar/März) gefeiert. Ausgelassen bespritzen und bewerfen sich die Menschen mit Wasserbomben und farbigem Puder, um den Winter zu vertreiben.

Heiratspolitik Arrangierte Ehen sind vor allem in ländlichen Gebieten noch Realität. Obwohl das indische Gesetz die Verheiratung von Minderjährigen verbietet und bestraft, finden in einigen ärmeren Gegenden noch immer Kinderhochzeiten statt, besonders an prophezeiten Glückstagen. Mit der Brautmitgift verbessert sich der Lebensstandard der Bräutigamsfamilie.

Die Tempel von Khajuraho (folgende Doppelseite) wurden von Königen der Chandela-Dynastie im 10. Jahrhundert erbaut. Sie waren Anhänger des Tantrakults, der erotische Ekstase als spirituelle Erfahrung begriff. Daher findet sich an den Tempeln besonders viel erotischer Skulpturenschmuck.

MANDU

Mandu, eine ehemalige Festungsstadt im Westen von Madhya Pradesh, liegt auf einem großen Felsplateau in 630 Meter Höhe im Vindhya-Gebirge. Ursprünglich war sie zusätzlich geschützt von einer 75 Kilometer langen Mauer. Im 10. Jahrhundert gegründet, wurde Mandu Anfang des 15. Jahrhunderts Hauptstadt des Reichs von Malwa. Unter den Sultanen von Malwa erlebte Mandu eine einzigartige kulturelle Blüte und wurde bekannt als Shadiabad, „Stadt der Freude".

Die bekanntesten Bauwerke sind der Jahaz Mahal, der Schiffspalast, der als Unterkunft für den riesigen Harem Sultan Ghiyath al-Dins diente, dem angeblich 15 000 Frauen angehörten, und der Hindola Mahal, der Schwingende Palast. Seinen Namen verdankt er seinen nach außen geneigten Wänden, die zu schwingen scheinen.

Baz Bahadur, der letzte unabhängige Herrscher Malwas, ging vor allem durch seine romantische Liebe zu Rani Rumpati in die indische Geschichte ein, einer schönen Schäferin, die er zur Königin machte. Der mehr an Kunst und Poesie als an Kriegsführung interessierte Monarch konnte dem Moghul-Feldherrn Adham Khan wenig entgegensetzen, als dieser 1562 Mandu angriff und eroberte. Damit war die Blütezeit Mandus beendet, und schon bald setzte der Verfall ein.

Selbst die Ruinen des Jahaz Mahal (links) lassen noch seine einstige Pracht erahnen. Gelegen zwischen zwei künstlichen Seen, muss er in der Blütezeit der Stadt ein herrlicher Anblick gewesen sein. Rechts eine Frau aus Mandu.

Die zauberhafte Rani Rumpati war die Geliebte von Prinz Baz Bahadur. Er baute ihr auf dem höchsten Punkt der Stadt einen Pavillon (rechts) mit herrlicher Aussicht auf den Fluss Narmada, das Tal und die umliegenden Gebäude wie die Große Moschee (oben). Die Liebesgeschichte endet mit dem tragischen Selbstmord Rumpatis, als die Armeen von Akbar immer näher rückten.

AJANTA & ELLORA

Die Höhlen- und Felsentempel von Ajanta und Ellora in der Nähe der Stadt Aurangabad in Maharashtra gehören zu den wichtigsten Kulturdenkmälern Indiens und sind Teil des Weltkulturerbes. In der Abgeschiedenheit der Schlucht des Waghora-Flusses erstrecken sich über 550 Meter halbkreisförmig in die Basaltfelsenwand eingeschlagen die 29 Höhlentempel von Ajanta. Sie dienten zwischen dem 2. Jahrhundert v. Chr. und dem 5. Jahrhundert n. Chr. als Schutz- und Ruhestätte für umherziehende buddhistische Mönche. In ihrer Glanzzeit beheimateten die Höhlen mehr als 200 Mönche. Bekannt ist die Anlage wegen ihrer einzigartigen Verbindung von Architektur, Skulptur und Malerei. Die Wandmalereien zeigen sowohl Szenen aus dem Leben Buddhas als auch Motive des königlichen Hoflebens. Die seit Jahrhunderten verwaiste Stätte wurde im Jahr 1819 zufällig von einem kleinen Jagdtrupp der East India Company entdeckt.

Über die Landesgrenzen hinaus war Ajanta ein bekanntes religiöses und künstlerisches Zentrum. Großzügige Förderer ermöglichten einst den Bau der Tempel sowie ihre Ausstattung mit Skulpturen und prachtvollen Malereien. Unzählige Pilger – Buddhisten, Hindus und Jains – besuchen jährlich die einzigartigen Höhlen (rechts).

19

Die meisten Bauwerke in Ellora zeichnen sich durch reichhaltigen Skulpturenschmuck aus. Sie entstanden zwischen dem 5. und 10. Jahrhundert n. Chr., etwa um die Zeit, als Ajanta verlassen wurde. 34 buddhistische, hinduistische und jainistische Höhlentempel liegen am Fuß des zwei Kilometer langen Chanmadiri-Steilhanges. Die mächtigen Könige von Chalukya und Rashtrakuta, die einst über die Region herrschten, waren für den größten Teil der Arbeiten in Ellora verantwortlich. Die Hauptattraktion der Anlage ist der gigantische Kailasa-Felsentempel aus dem 8. Jahrhundert. Im Gegensatz zu Ajanta entging Ellora der islamischen Bilderzerstörung im 13. Jahrhundert nicht. Noch heute trägt die Stätte die Narben jener Zeit.

Elloras Klöster und Felsentempel

wurden über Jahrhunderte hinweg aus einer über zwei Kilometer langen Basaltfelswand gehauen (links). Die zweistöckige Chaitya-Gebetshalle wird durch zwei Stützreihen in ein Mittelschiff und zwei Seitenschiffe getrennt. Das Allerheiligste bildet eine im Innern stehende Statue (rechts).

DER INDISCHE ELEFANT

Der Asiatische Elefant, oft auch als Indischer Elefant bezeichnet, ist nach dem Afrikanischen Elefanten das zweitgrößte Landtier der Erde. Er wird bis zu fünf Tonnen schwer und bis zu drei Meter groß. In Indien leben etwa 22 000 Elefanten, die meisten von ihnen in Nationalparks. Im Gegensatz zu ihren afrikanischen Artgenossen sind die Indischen Elefanten leicht zähmbar und gut als Nutztiere geeignet. Vor allem werden sie als Zug- und Arbeitstiere für schwere Waldarbeiten eingesetzt. Farbenprächtig bemalt und geschmückt, dienen sie auch bei Tempelprozessionen und Hochzeiten als Reittiere. Die Beziehung zwischen Mensch und Elefant hat in Indien jahrtausendealte Wurzeln, die sich in der Mythologie und Religion widerspiegeln. Mit der Verehrung des dickbäuchigen, elefantenköpfigen Ganesha, Gott der Klugheit, Wissenschaft und Politik, verleihen die Inder ihrer Zuneigung zu diesem Tier Ausdruck. Elefanten gelten in Indien als Glücksbringer und stehen unter besonderem Schutz.

Für alte und nicht mehr arbeitsfähige Elefanten gibt es laut Gesetz sogar eine Rente ab dem 65. Lebensjahr. Diese beinhaltet regelmäßiges Futter, medizinische Betreuung und eine Unterkunft in einem Elefantencamp, wo sich ihre Betreuer, die Mahouts, um sie kümmern.

DIE STADT DER TRÄUME

MUMBAI

Stadt der Chancen Mumbais Küstenlage und boomende Wirtschaftskraft üben eine enorme Sogwirkung aus. Tausende ziehen jeden Monat aus Gesamtindien hierher. Starre Kastenstrukturen gibt es in Mumbai nicht, im Gegenteil: Eigeninitiative, Motivation und Toleranz sind gefragt. Manch einer träumt wohl auch davon, ein Bollywood-Filmstar zu werden (oben).

MUMBAI

Nirgendwo in Indien sind die Kontraste größer als in Mumbai, einer der bevölkerungsreichsten Städte der Welt. Fast 14 Millionen Menschen leben offiziell in der Stadt selbst, über 20 Millionen im Großraum Mumbai. Entsprechend stark sind der Verkehr und die daraus resultierende Luftverschmutzung.

Dieser „Moloch" erwuchs aus kleinsten Anfängen. Bis ins 17. Jahrhundert bestand das Gebiet aus sieben Inseln, besiedelt von Fischern vom Stamm der Koli. 1534 überließ der Sultan von Gujarat die Inseln den Portugiesen gegen militärische Unterstützung in einem Feldzug gegen die Moghulkaiser. Die Portugiesen nannten ihren neuen Besitz Bom Bahia, „Gute Bucht". 1661 trat Prinzessin Katharina von Braganza das Gebiet an ihren zukünftigen Gemahl, den englischen König Charles II., ab, und aus Bom Bahia wurde Bombay. Parallel zum wirtschaftlichen Aufstieg unter der Herrschaft der Engländer entwickelte die Stadt eine multikulturelle Identität: Kaufleute und Flüchtlinge aus allen Teilen Indiens ließen sich hier nieder. Während der Kolonialzeit verbanden die Briten mit einem ehrgeizigen Projekt zur Landgewinnung die sieben Inseln zu einer einzigen. Nach der Unabhängigkeit 1947 setzte die indische Regierung dieses Projekt fort.

Seit 1995 heißt die Stadt Mumbai, benannt nach der lokalen Schutzgöttin Mumbadevi. Ihr Aufstieg vom kleinen Fischerdorf zur Hauptstadt des Bundesstaates Maharashtra, zur wichtigsten Hafenstadt Indiens, zum Zentrum des Finanzhandels und der Industrie erscheint geradezu märchenhaft. Überall ragen die Silhouetten von Glas- und Betontürmen in den Himmel. Luxuriöse Villen, exklusive Restaurants und teure Boutiquen am Malabar Hill und am Juhu Beach ermöglichen denen, die es sich leisten

können, einen überaus angenehmen Lebensstil. In Mumbai gibt es angeblich mehr Millionäre als in New York.

Mumbai, die Stadt der Träume, ist aber auch die Stadt der Verzweiflung und der Armut: Jeden Tag verlassen Hunderte von Menschen ihre Dörfer in allen Teilen Indiens, um teilzuhaben am Traum vom großen Reichtum, für den die Stadt heute steht. Manche finden tatsächlich eine Beschäftigung und eine Unterkunft, die meisten aber enden auf den überfüllten Straßen oder in einem der vielen Elendsviertel. Die Slums Mumbais zählen zu den größten ganz Asiens; sie nehmen jede freie Fläche in Beschlag, die nicht eingezäunt und bewacht ist. Doch die Wirtschaftskraft der Metropole bietet auch den Ärmsten Möglichkeiten zum Überleben. Dharavi, Bombays größter Slum, früher ein Schmugglerparadies, beherbergt heute eine florierende Lederindustrie, die unter anderem Aktenkoffer und Damentaschen für den Export herstellt. Im Viertel der Wäscher, dem „Dhobi Ghat", reinigen etwa 10 000 Menschen die Wäsche aus den Restaurants, Hotels, Krankenhäusern und Privathaushalten der Stadt.

Wie eine Museumskulisse wirken heute die architektonischen Hinterlassenschaften der Briten: Bahnhöfe, Museen und Postämter in einem viktorianisch-neogotisch-indosarazenischen Stilmix. Berühmtestes Wahrzeichen ist der Victoria Terminus, heute als Chhatrapati Shivaji Terminus einer der geschäftigsten Bahnhöfe der Welt. Dazwischen drängeln sich Tempel, Moscheen, Kirchen und Märkte, Geschäfte und Werbetafeln. Die Stadt ist ein Shopping-Paradies: In modernen Einkaufszentren, Hand-

In der Weltstadt voller Kontraste treffen alle nur erdenklichen Extreme aufeinander: Frauen in Burkas flanieren neben hippen Mädchen in Röhrenjeans. Klapprige Fahrräder drängen sich neben modernsten Luxuskarosserien. Schicke Computerfreaks beten neben Gurus mit verfilzten Haaren. Am schattigen Malabar Hill stehen die Villen der Millionäre (links). Nur ein paar Straßen weiter liegen die Elendsquartiere (ganz links).

werksläden und auf Basaren ist vom westlichen Luxusartikel bis zu den günstigen Textilien alles zu bekommen.

International berühmt ist Mumbai auch als Stadt der Leinwandträume. In „Bollywood", wie die lokale Filmindustrie genannt wird, werden mehr Filme produziert als irgendwo sonst auf der Welt. Die Filmstars und ihr luxuriöser Lebensstil, wie er sich in den Clubs der Stadt und im Millionärsviertel Malabar Hill präsentiert, sind eine unerschöpfliche Quelle für die zahllosen Fanmagazine, die millionenfach Absatz finden.

Neben allem städtischen Glanz und Elend gibt es in Mumbai auch erstaunlich viele Parks und Gärten wie den Sanjay Gandhi National Park, die Victoria-Gärten, den Kamala-Nehru-Park oder den Borivli-Park. 30 Kilometer nördlich vom Stadtzentrum liegt der berühmte „Juhu Beach". Am fünf Kilometer langen Sandstrand sind dort täglich Darbietungen von Straßenkünstlern (Bhel Puri-Wallas) zu sehen und abends wunderschöne Sonnenuntergänge.

In Downtown Mumbai drängen sich Banken, Konsulate und Handelshäuser (folgende Doppelseite). Die berühmte Uferpromenade Marine Drive verbindet das Fort-Viertel mit Colaba und Malabar Hill.

Der Gateway of India, Mumbais Wahrzeichen (beide Seiten), ist das Erste und Letzte, was Schiffsreisende bei ihrer Ankunft bzw. Abfahrt von der Stadt sehen. Das 1925 zu Ehren König Georges V. errichtete Monument ist Indiens Tor zur Welt, heute ein beliebter Treffpunkt für Touristen sowie Schiffsan- und -ablegestelle zur Insel Elephanta.

Das Taj Mahal Hotel ist ein Symbol des indischen Widerstands gegen die britische Kolonialherrschaft: Der parsische Industrielle J. N. Tata gab den Bau in Auftrag, nachdem ihm der Zutritt zum besten Stadthotel verwehrt worden war. Der orientalisch anmutende Palast mit luxuriöser Ausstattung (links und oben) wurde von den indischen Architekten S. K. Vaidya und D. N. Mirza entworfen und 1903 eröffnet (rechts).

Der berühmte Victoria Terminus wurde 1996 in Chhahtrapati Shivaji Terminus umbenannt. So ehrt das Prunkstück der viktorianisch-neogotischen Architektur heute einen berühmten Marathenführer anstelle der britischen „Kaiserin von Indien". Täglich passieren rund 1 000 Züge diesen riesigen Bahnhof, und etwa drei Millionen Passagiere versuchen sich in die Züge zu quetschen.

Indien war lange *das* Diamantenland. Bis zur Entdeckung der funkelnden Steinchen in Brasilien deckte Indien allein den Weltbedarf mit seinen typischen, leuchtend weißen Diamanten (unten). Heute ist Indien auch ein wichtiges Zentrum für die Schleiferei. Mehr als 90 Prozent der Rohdiamanten werden hier bearbeitet (rechts und ganz rechts).

Dabbawallas sind die effektivsten Dienstleister der Stadt. 5000 Mitglieder der Nutan Mumbai Tiffin Box Suppliers Charity Trust, kurz „Dabbawallas", versorgen täglich hungrige Büroangestellte mit hausgemachtem Mittagessen aus den Vorstadtküchen. Am Churchgate-Bahnhof werden die Aluminiumbehälter entgegengenommen (oben und links) und auf Fahrrädern in der Stadt verteilt (rechts).

Mumbais süßes Leben findet am Chowpatty Beach statt. Dieser Strand ist ein beliebtes Ausflugsziel für indische Familien und Paare. Abends und am Wochenende erwacht hier das Leben. Tausende fliegender Händler wie Luftballon- und Eisverkäufer, Ohrenputzer und Jongleure bevölkern die Flaniermeile. Für Kinder gibt's Ponyreiten, Verliebte lassen sich Karten legen und an den Imbissständen genießt man *bhelpuri* (Snacks).

Canon
ABN·AMRO

Die Nachtclubszene von Mumbai ist die Beste Indiens. Egal um welche Uhrzeit – irgendein Club oder eine Bar hat immer geöffnet. Luxuriöser Lifestyle ist ein wachsender Markt. Bei der betuchten Elite ist House und Trancemusik angesagt (rechts). Beliebt sind auch nächtliche Fashionshows in den Sternehotels (links).

Monsun – Fluch und Segen

Obwohl heiß ersehnt, bringt der Monsunregen immer auch Überschwemmungen mit sich (links). Mumbai sowie weite Teile Indiens versinken dann im Wasserchaos. Die Seuchengefahr ist groß und jedes Jahr gibt es zahlreiche Todesopfer.

Das Wohnungsbauprogramm der Stadt (rechts) kommt nur schleppend voran. Nach Einschätzung des Ministeriums fehlen insgesamt 25 Millionen Wohneinheiten in Mumbai.

Die Imperial Towers (links) waren als die höchsten Wolkenkratzer Indiens geplant- und doch schon vor der Fertigstellung durch andere überrundet. Allein 12 von 62 Stockwerken sind für Parkplätze reserviert. Während Wohlhabende dort in ultraluxuriösen Apartments leben, werden die Armen in Bauprojekten wie dem Lallubhal Compound ohne fließend Wasser untergebracht.

In vielen Basaren Mumbais geht es in den Abendstunden besonders trubelig zu. Die stimmungsvoll beleuchteten Stände bieten Büroangestellten eine gute Gelegenheit, am Feierabend noch Lebensmittel einzukaufen (oben) oder Saristoffe auszuwählen.

TEXTILES
CLOTH MERCHANT
FIXED RATE

Die Kolis, Mumbais Fischer, gehören zur drawidischen Urbevölkerung Indiens. Die meisten leben an der Westküste. Das Marathi-Wort „Koli" bedeutet „einer, der ein Netzt spinnt". Umweltprobleme und Überfischung haben inzwischen zu Arbeitslosigkeit geführt, sodass die neue Generation häufig andere Berufe wählt.

Der Dhobi Ghat ist das riesige Waschviertel Mumbais. In den mittelalterlich anmutenden Waschküchen arbeiten (und wohnen) rund 10 000 Menschen (ganz rechts). Wäscheberge aus Krankenhäusern, Hotels und privaten Haushalten werden vorsortiert (oben), anschließend eingeweicht, auf Steinklötzen geschlagen (rechts) und mit glühenden Eisen gebügelt. Der Tagesverdienst eines Wäschers beträgt etwa einen Euro.

Die Slums von Mumbai 1961 lebten nur etwa zehn Prozent der Bevölkerung in Elendsquartieren. Mit dem Wirtschaftswachstum ging jedoch eine Zunahme der Landflucht einher. Heute lebt etwa die Hälfte der Einwohner Mumbais auf der Straße oder in Slums. Dort teilen sich meist mehr als fünf Menschen eine Wohnfläche von rund 15 Quadratmetern. Nur wenige Hütten verfügen über eine Toilette oder einen Wasseranschluss.

Zu Ehren des elefantenköpfigen Gottes Ganesha wird jedes Jahr in Mumbai das Fest Ganesh Chaturthi rauschend gefeiert. Ganesha gilt als Verkörperung von Weisheit, Glück und Erfolg und ist Mumbais wichtigste Gottheit. Am letzten Tag des Festes werden zahllose große und kleine Ganesha-Statuen, die zuvor die Stadt geschmückt haben, unter Jubel zum Wasser getragen und versenkt.

Die Religionsgemeinschaft der Parsen gibt es fast nur in Indien. Besonders viele Parsen leben in Mumbai, wo es auch mehrere Feuertempel gibt (links). Die Anhänger der Lehre des persischen Propheten Zarathustra glauben an den einen Gott Ahura Mazda. Durch Initiationsrituale werden Jugendliche in die Gemeinschaft aufgenommen (rechts).

Die bewaldete Insel Elephanta liegt in der Bucht von Mumbai. Ursprünglich hieß sie „Gharapuri", wurde aber später von den Portugiesen umbenannt, als diese im Hafen eine Elefantenskulptur gefunden hatten. Die Höhlentempel – Hauptattraktion der Insel (oben) – sind dem Gott Shiva geweiht. Sein Phallus, ein Energiesymbol, wird von Torwächtern bewacht (rechts).

BOLLYWOOD Indiens Filmindustrie ist mit einer Jahresproduktion von 700 bis 1000 Filmen die produktivste der Welt. Allein in Mumbai, der erfolgreichsten und bekanntesten Filmstätte, auch Bollywood genannt, werden jährlich 200 bis 300 Filme produziert. Die Kinoleidenschaft der Inder kennt keine Grenzen. Indische Filme sind vor allem auf Emotionen aufgebaut. Die meisten Streifen setzen sich aus Fragmenten verschiedener Filmgenres zusammen wie Melodrama, Thriller, Actionfilm, romantisches Gefühlskino, Komödie und Musical. Die indische Gesellschaft ist von vielen Regeln und Verboten bestimmt, und ein Kinobesuch kann beim Abbau von Stress, Aggressionen oder Trauer helfen. Viele Filme enthalten auffallend viele Action- und Gewaltszenen: Solange es um die gute Sache geht, ist fast alles erlaubt. Die wichtigsten Zutaten für einen klassischen Bollywoodfilm sind eine leicht verständliche Story, die auf indischen Werten basiert, mehrere Stars, aufregende, exotische Schauplätze, eingängige Musik und mitreißende Tanzszenen. So kann der Zuschauer seinen oft tristen Alltag für kurze Zeit vergessen – und nicht nur in Indien, denn Bollywood-Produktionen sind längst auch im Westen erfolgreich.

Die Filmstars werden in Indien maßlos verehrt und dienen als Vorbilder. Die Heldenfigur und die wirkliche Person scheinen dabei

Die Produktionskosten in Bollywood steigen.
Immer aufwendiger inszenierte Tanzszenen (rechts) sowie eine erhöhte Anzahl von Szenen an internationalen Schauplätzen sollen die Zuschauer ins Kino locken. Riesige, zum Teil handgemalte Filmplakate der Leinwandschönen unterstützen die Werbemaßnahmen (links).

अरुण कचरे प्रस्तुत
कृष्णा फिल्मस्
काळूबाईच्या
नावानं चांगभलं
अरुण कचरे प्रस्तुत
काळूबाईच्या
नावानं

oftmals miteinander zu verschmelzen. Der absolute Superstar des indischen Films ist Amitabh Bachchan, Held der 1970er und 80er Jahre, der kompromisslos gegen Korruption und für eine bessere Welt kämpfte. Noch heute pilgern Tausende von Fans aus ganz Indien zu seinem Haus und hoffen auf eine Audienz. Neben ihm wird vor allem Superstar Shahrukh Khan verehrt, der in fast jedem neuen Blockbuster zu sehen ist – oft an der Seite von Aishwarya Rai, einem der höchstbezahlten Starlets und Miss World 1994. Die Filmhelden und -heldinnen sind oft nach Vorbildern aus den indischen Epen gestaltet: körperlich stark, romantisch, treu, ehrlich, vaterlandsliebend, selbstlos und religiös. Um den wahren Mut des Helden zu zeigen, werden die Bösewichte entsprechend teuflisch dargestellt. Meist sind es Terroristen, Gangster, Feudalherren oder Kapitalisten.

In den letzten Jahren änderte sich der Geschmack des Publikums. So haben auch Außenseiter Erfolg an den Kinokassen. Dadurch aufgeweckt, öffnet sich inzwischen auch die Bollywood-Filmindustrie neuen Themen.

Filmset und wahres Leben Schon frühmorgens vor der ersten Kinovorstellung stehen die Besucher an der Kasse Schlange, um in eine bessere und sauberere Welt zu entfliehen (ganz links). Die langweiligen Momente des Alltags werden erst gar nicht gedreht (links).

PUNE (Poona) ist mit vier Millionen Einwohnern die zweitgrößte Stadt in Maharashtra. Die Industriestadt liegt in knapp 600 Meter Höhe am westlichen Rand des Dekkan-Plateaus. Das Zentrum von Pune grenzt im Norden und Westen an die Flüsse Mula und Mutha, die sich an der Sagambrücke zum Mutha-Mula vereinen. Das ganze Jahr über herrscht hier ein angenehm frisches Klima.

Die Bedeutung Punes ist eng verknüpft mit dem Aufstieg der Marathen-Föderation im 17. und 18. Jahrhundert, die sich lange Zeit erfolgreich gegen die Herrschaft der Moghuln behauptete. Die Führung und Verwaltung dieser Konföderation von Kleinstaaten lag in der Hand von Peshawas (Premierministern), die aus der Brahmanenkaste stammten und ihr Amt weitervererbten. Sie regierten von Pune aus im Namen des Königs, der nur nominell Oberhaupt der Marathen war.

1817 mussten sich die Marathen der militärischen Übermacht der Briten beugen, die Pune neben Mumbai als zweiten Hauptstützpunkt im Westen Zentralindiens ausbauten. In Punes Altstadt zeugen noch heute alte

Britische Traditionen haben sich in Indien bis heute in vielen Bereichen gehalten: Die Leidenschaft für Kricket (rechts) zeugt davon in Pune ebenso wie die Abschlussfeier eines Jahrgangs an der Militärschule National Defence Academy (links).

hölzerne Wadas, palastartige Stadthäuser, von dieser Zeit. Weitere geschichtsträchtige Gebäude sind der 1892 von Aga Khan III. erbaute Aga-Khan-Palast mit dem kleinen Gandhi-Museum. 1942 waren hier Mahatma Gandhi, seine Frau Kasturba und weitere Kämpfer für die Unabhängigkeit zwei Jahre lang von den Briten inhaftiert. Eine Gedenkstätte hinter dem Haus erinnert an Gandhis Frau und seinen Sekretär Mahadev Desai, die während der Gefangenschaft starben.

Im Ausland ist Pune vor allem wegen des 1974 gegründeten Ashrams (Meditationszentrum) des 1990 verstorbenen Gurus Osho (ehemals Bhagwan) bekannt. Es lockt immer noch jährlich Tausende von zivilisationsmüden und sinnsuchenden Menschen an. 1981 ging der umstrittene Gründer der Bhagwan-Bewegung in die USA, wo er ein neues Zentrum gründete, kehrte aber nach seiner Abschiebung 1985 nach Pune zurück. In den 1990er Jahren wurde der Ashram von seinen Nachfolgern weiter ausgebaut und mit Meditationshallen, Saunen, Studiengebäuden und Swimmingpool ausgestattet.

Nicht zuletzt ist die ehemalige britische Garnisonsstadt Heimat der National Defence Academy (NDA). Junge Kadetten werden hier am Ufer des Khadakwasla-Sees trainiert, bevor sie die speziellen Akademien der drei Teilstreitkräfte Armee, Luftwaffe oder Marine besuchen. Neben dem Basistraining der militärischen Grundkenntnisse können sie im Rahmen der dreijährigen Ausbildung auch einen normalen Universitätsabschluss in verschiedenen Fächern erwerben.

Der Bau des Aga-Khan-Palastes soll von Aga Khan III. angeordnet worden sein, um den Menschen in den Nachbarregionen Arbeit zu verschaffen. 1969 stiftete sein Enkel und Nachfolger, Karim El Husseni, Aga Khan IV., den Palast der indischen Regierung. Heute ist dort das Gandhi-Museum untergebracht.

Im Osho-Ashram in Pune sucht ein finanzkräftiges internationales Publikum Entspannung und spirituelle Erfüllung. Der verstorbene Guru Osho (links) entwickelte zu diesem Zweck spezielle Meditationsübungen und Tänze (unten und rechts).

HYDERABAD, auch scherzhaft Cyberabad genannt, hat Bangalore als Indiens Metropole der Computer- und Informationstechnologie abgelöst. Mit Niederlassungen von Microsoft und IBM sowie dem ultramodernen neuen Stadtteil HITEC City konnte es das ehemalige „indische Silicon Valley" inzwischen überflügeln. Begünstigt wurde die Entwicklung durch Investitionen aus arabischen Staaten. Der Wohlstand der Stadt sticht überall ins Auge: frisch asphaltierte saubere Straßen, auf denen Büroangestellte in gebügelten weißen Hemden, grauen Flanellhosen und Aktenköfferchen zu ihrem Arbeitsplatz in einem der gläsern funkelnden Bürotürme unterwegs sind. Nur selten findet sich hier noch ein roter Spuckfleck von einem Betelnusskauer.

Hyderabad ist Hauptstadt des telugusprachtigen Bundesstaates Andhra Pradesh. Auf 545 Meter Höhe im Zentrum der Hochebene des Dekkan am Fluss Musi gelegen, ist es mit rund sechs Millionen Einwohnern heute die sechstgrößte indische Stadt. Mit der im 18. Jahrhundert von den Briten errichteten Garnisonsstadt Secunderabad, heute Sikandarabad, ist Hyderabad inzwischen zusammengewachsen.

Gegründet wurde Hyderabad von Muhammad Quli Qutb Shah, dem Herrscher des Sultanats von Golkonda. Er verlegte 1590 aufgrund von Wasserknappheit seinen Regierungssitz von der

Die Altstadt ist noch heute das urbane Zentrum von Hyderabad: der quirlige Basar, das Maqim-Krankenhaus sowie die 1614 erbaute Mekka-Moschee, die 2007 Ziel eines Bombenanschlags war.

Gifts & Prizes Rs. 99 Lakhs
CHERMA'S
TAJ

Auf dem Charminar-Basar (rechts) wird praktisch alles verkauft: von Spielzeug über Parfum bis hin zu Zuchtperlen. Die zahlreichen Stände der Obst- und Gemüsehändler (oben) bieten frische Ware aus den umliegenden Dörfern an.

wenige Kilometer entfernten Festungsstadt Golkonda hierher. Ungewöhnlich für die damalige Zeit war die gitterförmige Anlage der neuen Stadt, die mit gewaltigen steinernen Gebäuden und Torbögen ausgestattet wurde. Zu Anfang hieß die Stadt Bhagyanagar – zu Ehren Bhagmatis, der hinduistischen Geliebten des Sultans. Erst als sie zum Islam konvertierte und den Namen Hydermahal annahm, erhielt Hyderabad seinen heutigen Namen. Von 1724 bis 1948 war es Hauptstadt des Fürstenstaates Hyderabad, der von muslimischen Herrschern mit dem Titel „Nizam" regiert wurde. Er stand zunächst unter der Oberherrschaft der Moghuln, war aber später ein unabhängiger Staat. Im Gegensatz zur Stadt Hyderabad war die große Mehrheit der Bevölkerung des Fürstentums hinduistisch. Hindus und Muslime lebten zur Zeit der Nizams friedlich zusammen und bildeten eine einzigartige kulturelle Synthese. Doch im Zuge des unfreiwilligen Anschlusses an das unabhängige Indien kam es zu blutigen Auseinandersetzungen. Zehntausende Muslime fielen Pogromen zum Opfer. Ein großer Teil der städtischen muslimischen Oberschicht verließ daraufhin die Stadt und zog nach Pakistan.

Das Wahrzeichen Hyderabads, die Charminar-(„Vier-Türme"-)Moschee im Herzen der Altstadt zeugt von der muslimischen Vergangenheit der Stadt. Sie soll 1591 von Sultan Muhammad Quli Qutub zum Gedächtnis an das Ende einer Pestepidemie errichtet worden sein. Mit seinen weißen, 56 Meter hohen Minaretten und den gewaltigen Torbögen auf jeder Seite, die in das dreistöckigen Gebäude

FILM
Available Here
FILM
Konica
ROSHAN
SWEET HOUSE
Konica Kodak
ABUL BARKAAT
BAKERY
NEEDS
GENERAL STORES
TAHER
PAN SHOP
HOTEL

führen, markierte der Charminar die Mitte der alten Stadtanlage. Sein Abbild schmückt sogar die Packungen der gleichnamigen Zigarettenmarke.

Im Altstadtkern entlang der Sardar Patel Road bieten Hunderte Händler in den Basaren ihre Waren feil. Der Duft von Rosenwasser, Jasminöl und frischem Minztee erfüllt die Luft, schwarzgekleidete Frauen probieren Perlen, Ringe und Armreifen an und wühlen in überquellenden Tüchertischen, während ihre Ehemänner geduldig auf sie warten. Berühmt ist die Stadt auch für ihre köstliche Küche, die auf Rezepten aus der Moghulzeit basiert – eine Mischung aus nord- und südindischen Zutaten und Gewürzen. Typische Gerichte sind etwa Lukmi, Teigtaschen mit Hackfleischfüllung, und Haleem, ein Gericht aus Weizen, Linsen und Lamm. Sie werden vor allem zu muslimischen Hochzeiten oder während des Fastenmonats Ramadan serviert.

Mit großer Intensität wird in Hyderabad das Aschura-Fest zum Gedenken an den schiitischen Märtyrer Imam Hussein gefeiert. Es findet während der ersten zehn Tage des Monats statt. In Form von Prozessionen und Passionsspielen wird an den Tod Husseins erinnert. Voll religiöser Ekstase geißeln sich die Gläubigen selbst und rufen den Namen des Märtyrers aus.

Der Charminar (rechts), eines der bedeutendsten muslimischen Bauwerke Indiens, beherbergt im oberen Stock eine Moschee und eine Koranschule (links). Er bildet das Zentrum des Charminarviertels (folgende Seite), das vor allem durch die islamischen Kultur geprägt ist.

STUDIO

Masala Chai und Lassi sind Indiens Nationalgetränke. Lassi wird aus geschlagenem Joghurt zubereitet (rechts) und in den Geschmacksvarianten süß, salzig oder fruchtig angeboten, z. B. als Mango-Lassi (links). Zum Shivrati-Fest gibt es Bhang-Lassi mit getrockneten Cannabisblättern oder Blüten.

Im toleranten Hyderabad leben bis heute die unterschiedlichsten Religionsgemeinschaften harmonisch zusammen. Zentrum der muslimischen Gemeinde ist die Mekka-Moschee in der Altstadt (oben). Eine religiöse Minderheit bilden die Buddhisten. Inmitten des Hussein-Sagar-Sees steht eine gigantische, 17 Meter hohe Buddha-Statue, bei der die Gläubigen zusammenkommen und beten (rechts).

Christen leben vor allem in der britisch geprägten modernen Zwillingsstadt Sikandarabad. Etwa die Hälfte der Christen in Indien sind Katholiken. Sie zelebrieren hier wie überall auf der Welt ihre Riten und Feste wie die Erstkommunion (oben) oder Allerseelen (links).

Tandoori ist eine besondere Spezialität: Im traditionellen Tonofen werden mariniertes Fleisch und Gemüse am Spieß gegrillt.

Die indische Küche Scharf, herrlich duftend und intensiv im Geschmack – so ist sie überall auf der Welt berühmt. Doch es gibt große regionale Unterschiede: Im muslimisch geprägten Norden isst man gern Lamm. Weiter südlich dominieren Huhn und an den Küsten Fisch. Hindus, die prinzipell kein Rindfleisch essen, verwenden andere Produkte der Kuh – Milch, Käse und Joghurt – umso lieber. Gemüse spielt eine große Rolle, in den kärgeren Regionen Mittel- und Südindiens vor allem Hülsenfrüchte wie Linsen oder Kichererbsen. Reis kommt hier fast immer auf den Tisch. Das wichtigste aber sind die Gewürze: Koriander, Kurkuma, Kardamom, Safran, Chili, Nelken, Zimt – die Reihe ließe sich fortsetzen. Egal ob arm oder reich, essen die Inder dreimal am Tag warm – und bis heute am liebsten mit den Händen. So schmeckt es am besten, heißt es. Und man nimmt sich Zeit. Essen ist ein Ereignis.

Die Festungsanlage Golkonda, erhaben auf einem Granit-Felsplateau thronend, war früher der Wohnsitz der Qutb-Shahi-Dynastie. Verteidigungswälle umschlossen die Zitadelle (diese Seite) sowie die umliegende Stadt. Im Königspalast befanden sich türkische Bäder mit fließendem heißen und kalten Wasser (ganz rechts).

Die königliche Nekropole befindet sich in der Nähe der Festung von Golkonda (links und rechts). Sieben der Qutb-Shahi-Herrscher wurden hier bestattet. Jedes der würfelförmigen Mausoleen ist von einer zwiebelförmigen Kuppel gekrönt (unten).

Beten um Regen Der Osmansagar-See, wichtigstes Trinkwasserreservoir von Hyderabad, ist völlig ausgetrocknet (links). Die im Juni einsetzenden Monsunregen fielen in den vergangenen Jahren viel schwächer als sonst aus, sodass einige Regionen unter schlimmster Dürre leiden. Tausende Menschen sind bislang bei Temperaturen bis zu 49 Grad durch Hitzeschläge und das Trinken von unsauberem Wasser ums Leben gekommen. Die Menschen beten um Regen (rechts).

IT-Industrie Indien ist auf dem Sprung zur globalen Wirtschaftsmacht. Die Elektronikbranche boomt, besonders die Computer- und Softwareproduktion. Hoch qualifizierte Spezialisten und das niedrige Lohnniveau machen Indien zum bevorzugten Standort für die Entwicklung und Umsetzung von Software und IT-Anwendungen.

Die Nachfrage einheimischer wie auch ausländischer Unternehmen ist gigantisch: Indische IT-Konzerne wie TCS und Infosys stellen etwa 1000 neue Ingenieure pro Monat ein. Ausländische Unternehmen wie SAP, Oracle und Microsoft konnten wegen der vielen Software-Spezialisten in Indien schneller Fuß fassen als in anderen Teilen der Welt. Die großen Konzerne haben sich vor allem in Bangalore, Hyderabad und Chennai (Madras) niedergelassen. Hier finden auch die großen Elektronikmessen statt, wie etwa die jährliche IT.COM Internet Fair in Bangalore (ganz rechts). Der entscheidende Impuls für das rasante indische Wirtschaftswachstum war der Übergang von einer sozialistisch orientierten Wirtschaftspolitik mit umfassender staatlicher Kontrolle zu einer liberaleren Wirtschaftspolitik im Jahr 1995. Vom Aufschwung profitiert bisher vor allem die wachsende Mittel- und Oberschicht in den Städten.

Busybee 2000
HCL

Die Cyber Towers (rechts), eingeweiht 1998, sind das Symbol der HITEC City in Madhapur am Stadtrand Hyderabads (unten). Computerfirmen wie Microsoft haben hier ihren Sitz. In den zehn- und mehrstöckigen Gebäuden finden ganze Stadtlandschaften Platz – mit Bürokomplexen, Banken, Restaurants, Snackbars, Hotels, Apartmentanlagen sowie Lounges, um am Feierabend und in den Pausen zu entspannen.

CYBER TOWERS
CYBER TOWERS

Hyderabad im Tennisfieber Vor wenigen Jahren war die Stadt erstmalig Austragungsort für ein internationales Tennisevent – die „International Tennis Federation Women's Tennis Championship" (links). Inzwischen lebt auch die aus Mumbai stammende Siegerin Sania Mirza (oben) in der Stadt. Unterstützt wird die indische Sportlerin von einer stolzen und engagierten Fangemeinde (rechts).

Das Nachtleben in Hyderabad steckt noch in den Kinderschuhen. Bisher findet es meist in den Fünf-Sterne-Clubs und Bars der größeren Hotels statt (rechts). Inzwischen rocken nicht nur Männer, sondern auch Frauen auf der Tanzfläche ab. In einigen Discos werden DJs eingeladen und Themenabende sowie Liveshows und Karaoke veranstaltet.

DER SARI ist das Nationalgewand Indiens. Die meisten Frauen in Indien tragen ihn; selbst in den großen Städten sieht man eher traditionelle als westliche Kleidung. Das Wort „Sari" leitet sich ab von dem Sanskritwort „Sati", was soviel wie „Stück Stoff" bedeutet. Ein Sari besteht aus einem circa 1,10 Meter breiten und bis zu 8 Meter langen bunten Stoff, der kunstvoll zu einem doppelten Rock um den Körper geschlungen wird. Das Tuchende wird entweder als Überwurf (Pallav) über die Schulter gelegt oder um den Kopf geschlungen. Dazu tragen die Frauen eine kurzärmelige bauchfreie Bluse namens Choli und darunter einen langen Unterrock. Alltags-Saris bestehen normalerweise aus Baumwolle oder Synthetik, die festlichen aus Seide. Oft sind sie mit Borten aus Spiegeln, Stickereien, Glitzer und Lurex verziert. Bei den Farben kann die Trägerin ihrem persönlichen Geschmack folgen. Allerdings gibt es zu bestimmten Anlässen vorgegebene Sarifarben wie etwa Weiß bei Beerdigungen oder Rot bei Hochzeiten. Ursprünglich trugen nur Hindufrauen den Sari. Nur Stoff, der nicht mit einer Nadel in Berührung gekommen war, galt als rein. Oft wird heute jedoch eine Sicherheitsnadel benutzt, um das Stoffende zu befestigen. Und auch viele muslimische Frauen tragen gerne Saris.

Am Sari konnte und kann man zum Teil noch heute die Kaste, das Alter und die ethnische Herkunft der Trägerin ablesen: Je nach Region gibt es unterschiedliche Wickelmethoden und Macharten. In Kerala etwa tragen die Frauen das traditionelle Mundu-Veshti und duftenden Blumenschmuck im Haar. In Gujarat hängt das Ende des Saris nicht auf dem Rücken herunter, sondern vorne.

Festliche Saris bestehen üblicherweise aus Seide, die aus den Kokons der Seidenraupe gewonnen (links) und anschließend versponnen wird (oben).

Sariherstellung Bevor die Seide verwoben wird, werden die Faserstränge ins Färbebad getaucht (ganz links oben), danach zum Trocknen aufgehängt. Die Muster werden oft schon eingewebt, oft aber auch auf den Stoff aufgedruckt (ganz links unten) oder eingestickt (Mitte). Am Ende können die Kunden unter schlichten einfarbigen Saris, traditionellen Mustern oder modischen Designer-Saris wählen (diese Seite).

DAS URSPRÜNGLICHERE INDIEN

SÜDINDIEN

420 Einleitung
426 Panjim & Alt-Goa
434 Bangalore
458 Mysore
466 Hampi
470 *Gurus aus Indien*
472 Chennai
488 Madurai
494 *Tamil-Kultur*
496 Kochi
500 Mangalore
504 *Yoga und Ayurveda*

SÜDINDIEN

Die Südspitze Indiens mit dem Kap Komorin als südlichstem Punkt ragt wie ein Keil in den Indischen Ozean und teilt ihn so in das Arabische Meer im Westen und den Golf von Bengalen im Osten. Die Malabarküste im Westen ist nur ein schmaler Küstenstreifen, hinter dem die fast 2700 Meter hohen, dicht bewaldeten Westghats aufragen. Sie bilden die natürliche Grenze zwischen Kerala und Tamil Nadu und gehen über in die Ausläufer der Dekkan-Hochebene. Die nicht ganz so hohen und auch weniger schroffen Ostghats fallen ab in das schmale Tiefland der Koromandelküste. Die beiden Küstenstaaten Kerala und Tamil Nadu grenzen im Nordwesten an den Bundesstaat Karnataka. Indiens mit knapp 1,5 Millionen Einwohnern kleinster und zugleich reichster Bundesstaat Goa mit seinen idyllischen, weltberühmten Stränden schließt sich nördlich an die Malabarküste an. Dieser Teil der indischen Küste ist als Konkanküste bekannt.

Karnataka, Kerala und Tamil Nadu gehören zum drawidischen Sprach- und Kulturraum, der sich deutlich vom indoarischen Norden des Subkontinents unterscheidet. Die Frühzeit der Region prägten etwa ab dem 3. Jahrhundert v. Chr. die tamilischen Dynastien der Chera, Pandya und Chola. Aus der „Sangam-Literatur“, einer Sammlung alter tamilischer Gedichte, weiß man, dass sich die verschiedenen Königreiche im ständigen Konflikt miteinander und den angrenzenden Gebieten befanden. Die Chera residierten im Wesentlichen im heutigen Kerala, während die Pandya sich im äußersten Süden, unterhalb des Flusses Kaveri, aufhielten. Dieser größte und als heilig verehrte Fluss Südindiens, auch Ganges des Südens genannt, entspringt in den Westghats und mündet in den Golf von Bengalen, wobei er das heutige Tamil Nadu etwa auf halber Höhe durchschneidet. Das Tal des Kaveri war das Kernland der Chola, die bis ins 9. Jahrhundert stark eingeschränkt waren durch die mächtigen Pallavas, welche etwas nördlicher siedelten. Doch im 10. Jahrhundert stiegen die Chola zur führenden Macht Südindiens auf und läuteten das Goldene Zeitalter der Tamilkultur ein, berühmt vor allem durch ihre Bildhauerkunst und ihre großartigen Tempelanlagen. Im 11. Jahrhundert, auf dem Höhepunkt seiner Macht, reichte das Cholareich im Norden bis zum Ganges und im Südosten bis nach Sri Lanka. Es musste seine Grenzen aber stets verteidigen. Weiter im Westen,

Das Kap Komorin in Tamil Nadu (links) ist der südlichste Punkt Indiens. Hier treffen der Golf von Bengalen, das Arabische Meer und der Indische Ozean aufeinander. Südindien grenzt sich als eigener Kulturraum vom Norden des Landes ab. Es ist das Gebiet der Drawiden, die gerne farbenfrohe Feste feiern (oben).

im Gebiet des heutigen Karnataka, gab es immer wieder Zusammenstöße mit den Chalukya, die Anfang des 12. Jahrhunderts von den Hoyshala abgelöst wurden.

Mitte des 14. Jahrhunderts etablierte sich mit dem Reich von Vijayanagar eine neue Großmacht, der es gelang, den größten Teil Südindiens unter seiner Herrschaft zu vereinigen. Vijayanagar stand in ständigen Abwehrkämpfen gegen aus dem Norden vordringende muslimische Heere. 1564 kam es schließlich zur Entscheidungsschlacht gegen die vereinigten islamischen Dekkan-Sultanate. Vijayanagar unterlag und wurde von den Siegern geplündert und zerstört. Bis zum Vordringen der europäischen Mächte gab es im Süden Indiens danach keine nennenswerten Machtzentren mehr.

Im 18. Jahrhundert fingen Engländer, Franzosen und Portugiesen an, vehement um die besten Häfen und Handelsstützpunkte an den südindischen Küsten zu kämpfen. Nach einer Reihe von Schlachten an Land und auf See sicherten sich schließlich die Briten die Vorherrschaft, die Franzosen mussten sich auf wenige Enklaven beschränken wie etwa Pondicherry im heutigen Tamil Nadu. Die Portugiesen wurden nach Goa zurückgedrängt, das sie bereits 1510 durch Afonso de Albuquerque erobert hatten. Nachdem sie ihre europäischen Konkurrenten weitgehend ausgeschaltet hatten, zogen die Briten bis zum Ende des 18. Jahrhunderts viermal gegen das Königreich von Mysore unter General Hyder Ali und später unter seinem Sohn Tipu Sultan. Nach ihrem Sieg fassten sie den Süden Indiens in der „Madras Presidency" organisatorisch zusammen. Daraus entstanden im Rahmen des „State Reorganisation Act" von 1956 die heutigen Bundesstaaten, vorwiegend nach sprachlichen Kriterien. Die Amtssprachen wurden festgelegt auf Konkani in Goa, Kannada in Karnataka, Malayalam in Kerala und

Tamilische Tempelanlagen wie die in Madurai (oben) gelten als Höhepunkt der südindischen Baukunst. Die mit farbenfrohen Skulpturen (rechts) geschmückten Bauten sind oft als Tempelstädte angelegt, die von beeindruckenden Eingangstürmen, den „Gopuras", überragt werden. Sie deuten auf den Verteidigungscharakter der Anlagen hin.

Tamil in Tamil Nadu. In Goa dauerte es jedoch noch bis 1974, bis sich Portugal als Kolonialmacht vollständig zurückzog. Eine Folge der 450 Jahre währenden Herrschaft der Portugiesen ist der hohe Anteil an Katholiken in der Bevölkerung Goas; bis heute ist über ein Viertel der Einwohner Goas katholisch. Heute ist der Bundesstaat vor allem bekannt für seine Party-Kultur – ein Erbe der 60er Jahre, als Goa wie kein anderer Ort Indiens Anlaufpunkt für Hippies auf der Suche nach dem esoterischen Indien war.

Auch in Kerala spielt der Tourismus eine wichtige Rolle. Er konzentriert sich hier vor allem auf die „Backwaters", ein Labyrinth aus Süßwasserkanälen im Hinterland der Küste. Auf dem wenigen Land zwischen den Kanälen wachsen in tropischem Klima unzählige Kokospalmen, deren Früchte vor allem für die Gewinnung von Kokosfasern verwendet werden. Die höher gelegenen, kühleren Gebiete im Landesinneren sind geprägt von Gewürz-, Tee- und Kaffeeplantagen. Indiens größter Kaffeeproduzent ist das angrenzende Karnataka, das mit seiner Hauptstadt Bangalore weltweit vor allem als Standort der Informationstechnologie bekannt ist.

Tamil Nadu weist insgesamt einen hohen Grad an Industrialisierung auf. Neben der Textilindustrie gibt es vor allem Automobil- und pyrotechnische Industrie. Trotz aller neuzeitlichen Einflüsse ist in dem von regionalen prodrawidischen Parteien kontrollierten Staat eine ausgeprägte Verbundenheit mit der eigenen Vergangenheit zu beobachten. Von der klassischen Zeit bis heute konnte die hinduistische Tradition hier weitgehend ungebrochen bewahrt werden. Manch einer betrachtet den Süden deswegen auch als das ursprünglichere Indien.

Von den westlichen Einflüssen in Indien zeugen noch heute viele Bauwerke im europäischen Stil (oben, heute ein Shiva geweihter Tempel). Doch bis heute bringen Besucher aus dem Westen immer auch ein Stück ihrer eigenen Kultur mit nach Indien. In Goa etwa sind die Strände so sauber, dass sie auch westlichen Ansprüchen genügen (rechts).

PANAJI & ALT-GOA

Indiens kleinster Bundesstaat Goa an der Westküste Indiens ist erst seit 1961 Teil des indischen Staatsgebietes. Er ist aufgeteilt in die Distrikte Nord- und Süd-Goa. Panjim, der Verwaltungssitz von Nord-Goa, ist gleichzeitig die Hauptstadt des gesamten Bundesstaates. Überall in der Stadt ist ihre Vergangenheit als portugiesische Kolonie und Wirkungsort jesuitischer Missionare zu spüren. Das Zentrum bildet der „Church Square" mit der nahe gelegenen barocken „Kirche der unbefleckten Empfängnis". Doch auch an anderen Stellen bestimmen meist weiß getünchte Kirchen und Villen im kolonialen Baustil das Stadtbild.

Panjim wurde erst 1843 Hauptstadt. Lange Zeit war es nur ein Vorort vom neun Kilometer weiter östlich gelegenen Velha Goa (Alt-Goa), das heute nur noch eine Ruine ist. Nachdem mehrere Malaria- und Choleraepidemien die Bevölkerung Alt-Goas innerhalb weniger Jahre auf ein Zehntel hatten schrumpfen lassen, gaben die Portugiesen die Stadt auf. Heute wird das in Reisfelder und Kokosplantagen eingebettete Alt-Goa wieder von christlichen Pilgern aus ganz Indien und Touristen aus aller Welt aufgesucht. Viele von ihnen genießen auch die idyllischen Strände der Konkanküste.

Das Leben in Goa ist bis heute geprägt von seiner kolonialen Vergangenheit – und nicht nur architektonisch (rechts). Das Lebensgefühl Goas wird gern mit dem portugiesischen Wort „sossegarde", auf Deutsch „Unbeschwertheit", beschrieben.

An der Küste, wie hier an einer Flussmündung bei Baga, ist das Leben der Goaner trotz steigender Touristenzahlen noch immer von der Fischerei bestimmt. Gefangen werden vor allem Garnelen, Makrelen und Sardinen.

ST FRANCIS
GONSALVES BROTHERS
BABA JUSTIN DOMNIC

Portugiesische Architektur prägt das Stadtbild von Goas Hauptstadt Panjim bis heute. Sowohl die zahlreichen weiß getünchten Kirchen (oben) als auch die Wohnhäuser mit ihren bunten Fassaden und die alten Villen mit prächtigen Interieurs (links) sind ein Erbe aus der Kolonialzeit. Der farbige Anstrich eines jeden goanischen Gebäudes musste jedes Jahr nach dem Monsun erneuert werden und blieb so erhalten.

Goas Party-Kultur konzentriert sich auf die weitläufigen Sandstrände. Über 6000 Bars sorgen in Indiens kleinstem Bundesstaat mit Bier und „Feni“, einem Schnaps aus Cashewfrüchten oder Kokospalmschösslingen, für Feierstimmung.

UTEN
KAMP

DIE HAUPTSTADT DES BUSINESS

BANGALORE

Kappa
WOODLAND
WOOLLEN
OWN SHOP
KIDSMART
JEAN JOINT
WOOLLENS
GREEN HILLS
UNION BANK
EAST
STOR
P

Bangalores Jugend erfreut sich einer für indische Maßstäbe großen Freiheit. Trotzdem sehen viele ihre Zukunft im Ausland. Manch einer hat aber vor, nach seiner Ausbildung zurückzukehren, um am Aufbau eines neuen Indien mitzuwirken.

BANGALORE

Seit 2006 heißt Bangalore wieder Bengaluru. In Rückbesinnung auf die vorkoloniale Tradition Indiens trägt die Hauptstadt des Bundesstaats Karnataka wieder ihren historischen Namen, der sich im Westen und auch im Sprachgebrauch manch nationaler Zeitung jedoch noch nicht durchsetzen konnte. Zur Herkunft des Namens gibt es verschiedene Theorien. Eine Legende berichtet, dass König Vira Ballala Raya II. (1173–1220) sich bei einer Jagd verirrte und schließlich völlig entkräftet zum Haus einer alten Frau kam. Diese bereitete für ihn ein Gericht aus gekochten Bohnen zu, woraufhin der König dem Ort voller Dankbarkeit den Namen „Bendakaluru" gab, „Stadt der gekochten Bohnen". Die historische Wahrheit dieser Legende darf bezweifelt werden, zumal ein Ort namens Bengaluru schon in einer Inschrift Ende des 9. Jahrhunderts auftauchte.

Die Geschichtsschreibung Bangalores beginnt jedoch erst 1537, als Kempe Gowda I. (1513–1569), ein Abkömmling der Vijayanagar-Dynastie, hier ein Fort aus Lehm errichten ließ, von dem heute leider nichts mehr erhalten ist. In den folgenden Jahrhunderten wechselte die Herrschaft über die Stadt immer wieder. 1638 kam Bangalore unter die Herrschaft der Marathen, bevor es 1687 ein Teil des Moghulreichs wurde. Die Moghuln verkauften die Stadt kurze Zeit später an die Wodeyars von Mysore. 1759 fiel sie dann unter die Herrschaft Hyder Alis, bevor dessen Sohn Tipu Sultan sie 40 Jahre später an die britische East India Company verlor. Die Briten machten die Stadt zur neuen Hauptstadt des Königreichs Mysore und anglisierten ihren Namen.

Als Bangalore 1906 als erste indische Stadt überhaupt ein Stromnetz bekam, war der Grundstein für seine Zukunft als „indi-

Lee
Height of Visibility
25'
SUJAY
ARCHIES Gallery
SANGO
SHOES
BSEA
SALE
KA-05-HA-5813

sches Silicon Valley" gelegt. Die Stadt, mit 6,5 Millionen Einwohnern die drittgrößte des Landes ist, ist das Zentrum der indischen Informationstechnologie, der Luft- und Raumfahrtindustrie sowie der Biotechnologie. Von den heute 1500 hier ansässigen Firmen haben einige wie Infosys oder Biocon ihren Hauptsitz in einem der drei Technologieparks, von denen der älteste, „Electronics City", 1978 gegründet wurde.

Drei Universitäten sowie mehrere Dutzend Ingenieurs- und Fachschulen sorgen für einen stetigen Nachschub an hoch qualifizierten Arbeitskräften. Teil der Ausbildung sind immer auch umfassende Englischkenntnisse, die zur Arbeit im Callcenter befähigen. Wer in den USA bei einer Telefon-Hotline Hilfe sucht, wird mit einiger Wahrscheinlichkeit hierher verbunden.

Aufgrund des großen Angebots an qualifizierten Arbeitskräften verlegten viele ausländische Firmen ihre Produktion hierher. Mit „bangalored" entstand gar ein neuer Begriff für Leute, die ihren Job verloren, weil ihre Arbeit nach Bangalore outgesourct wurde. Gleichzeitig zogen die gut bezahlten Arbeitsplätze aber auch Fachkräfte von außerhalb an.

Als moderne Stadt schmückt sich Bangalore mit spiegelnden Fassaden. Doch nicht immer hält der erste Eindruck, was er verspricht. Hinter der schicken Straßenfront der Gandhi Road (rechts) verbirgt sich so manche Dauerbaustelle.

Bangalore
City of
Empowerment
BMP
EEPAM
ಪಿ.ಎನ್.ರಾವ್
ಮೆಗಾ ಸಿಲ್ಕ್ ಉದ್ಯೋಗ್
Retailing at wholesale prices
Mega Silk Udyog
No. 69, 1st Floor, M.G. Road
P. N. RAO
Men's Wear
Thomas C
SALE
40%
Thomas Cook

Bangalore liegt im Hochland des Dekkan auf 900 Meter Höhe und ist mit einem vergleichsweise milden Klima gesegnet. Die vielen Parkanlagen verhalfen der Stadt zu dem Titel einer „Gartenstadt". Wenn jedoch von Bangalore als der „Gartenstadt" die Rede ist, sind ausnahmsweise nicht die ausgedehnten Firmenparks gemeint, denn die Stadt hat auch andere Seiten und ist am nationalen Standard gemessen eine äußerst grüne Metropole. Der größte Park Bangalores ist der 1760 angelegte Lal Bagh mit seinem botanischen Garten. Direkt am zweiten großen Park, dem Cubbon Park, liegt der Viddhana Soudha. Dieser „Volkspalast" wurde 1956 vom damaligen Premierminister erbaut, um die Macht und Würde des Volkes widerzuspiegeln. Bis heute ist es das größte staat liche Gebäude Indiens.

Da dies nicht der einzige Superlativ Bangalores ist, hat sich der Ort, der noch vor wenigen Jahrzehnten liebevoll „pensioners' paradise" genannt wurde, längst zu einer modernen Großstadt mit all ihren Problemen gewandelt: Eine viel zu schwache Infrastruktur beschert den Bewohnern kilometerlange Staus und eine zunehmend gesundheitsschädliche Luftverschmutzung. Während aber der Bau zweier U-Bahnlinien noch in den Kinderschuhen steckt, sollte der 40 Kilometer außerhalb gelegene Großflughafen nach letztem Stand im Mai 2008 eröffnet werden, um noch schneller noch mehr Menschen in die Stadt zu befördern.

Die Motorrikschas, die das Bild indischer Städte wie kein anderes Fahrzeug prägen (links), gehen unter anderem in Hosur in der Nähe von Bangalore vom Band (oben). Hier hat der indische Konzern TVS Motors eine Fabrik.

Während der Rushhour
versucht jeder auf seine Art, sich den Weg vorbei an kilometerlangen Blechkarawanen zu bahnen. Eine im Bau befindliche U-Bahnlinie soll bald die Straßen Bangalores entlasten und den Smog verringern.

your nearest Phone
Tamilnadu
FASHION
HERO HONDA

Sangeetha
INTRODUCING
TITAN
SHADES
You're hotter in the shade
INTRODUCING
TITAN
SHADES
You're hotter in the shade

Die Einkaufszentren Bangalores sind Ausdruck des Wohlstands der Wirtschaftsmetropole. Die riesigen, klimatisierten Konsumtempel bieten fast alles, was das Herz begehrt, von Reisebüros und Multiplexkinos bis zu exklusiven Kleiderläden und Fitnesscentern.

Die Kneipen- und Diskoszene von Bangalore ist einmalig auf dem Subkontinent. Freizeitgestaltung wie Bowling (rechts) nach westlichem Vorbild ist anderswo in Indien unbekannt und nur in einer so kosmopolitischen Metropole wie dieser vorstellbar.

Die Kunstszene profitiert vom Wohlstand der Stadt. Junge Künstler aus ganz Indien fühlen sich von ihrer offenen, freigeistigen Atmosphäre angezogen. Neben der Malerei bereichern auch Tanz, Musik und Theater die vielfältige Kulturlandschaft.

Übungen und Zeremonien bestimmen die religiöse Praxis. Bereits die Jüngsten werden in geistiger Versenkung und Meditation geschult (ganz links). Ausgelassen und farbenprächtig sind die großen Feste wie die Zeremonie für den Jain-Heiligen Gomateshwara (links und unten), die nur alle zwölf Jahre stattfindet. Dabei wird die Statue einer heiligen Waschung unterzogen, wozu sie mit fünf verschiedenen Flüssigkeiten übergossen wird.

Die neuesten Modetrends werden von der Jugend Bangalores gern aufgenommen. Obwohl sich teils starke westliche Einflüsse zeigen – etwa auf der jährlich stattfindenden „Fashion Week" –, hat in der Modewelt Indiens auch die traditionelle Kleidung immer ihren Platz behaupten können.

Shows mit spektakulären Stunts junger Armeeangehöriger (links) sollen Nachwuchs anwerben und allgemein eine positive Einstellung zur indischen Armee schaffen. Mallakhamb (ganz links) ist ein traditioneller indischer Sport mit oft akrobatischen Elementen an einem Pfahl oder Seil, der oft als Krafttraining bei Polizei und Militär geübt wird.

Microchips werden in Bangalore nicht nur hergestellt (oben), sondern auch entsorgt (links). Das Recycling von Elektromüll ist eine lukrative Branche, die in Indien manchen Arbeitsplatz schafft.

Tradition und Moderne sind in Indien kein Widerspruch, zum Beispiel Tänze in historischen Kostümen (oben) und avantgardistische Architektur (rechts die Multiplex-Kuppel auf dem Campus des IT-Unternehmens Infosys). Auch die meisten jungen Menschen haben ein ausgeprägtes Bewusstsein für die Geschichte und Kultur ihres Landes.

MYSORE

Idyllisch am Fuße der Chamundi-Berge gelegen, fügt sich die zweitgrößte Stadt des Bundesstaates Karnataka harmonisch in die Landschaft des südlichen Dekkan-Hochlandes ein. Dem Charme dieser Lage konnte sich wohl auch Yadu-Raya, der erste Herrscher aus dem Geschlecht der Wodeyar, nicht entziehen, als er 1399 den Ort zur Hauptstadt seines Reiches machte. Woher er kam, lässt sich nicht eindeutig nachvollziehen, doch seine Nachfahren leben hier bis jetzt. Obwohl der herrschaftliche Palast sich nicht mehr im Familienbesitz befindet, bewohnen sie heute noch einen kleinen Teil des Gebäudes. Bis zur Unabhängigkeit saßen sie auf dem Thron von Mysore, jedoch war ihr Einfluss zeitweise beschränkt. Zu Beginn der Herrschaft der Wodeyars war Mysore ein kleines, unbedeutendes Fürstentum, das die ersten 150 Jahre dem Großreich von Vijayanagar tributpflichtig war. Nach dem Niedergang Vijayanagars gelang es dem muslimischen General Hyder Ali, sich zum eigentlichen Oberhaupt des Königreiches Mysore aufzuschwingen. Sein Sohn, Tipu Sultan, der das Herrschaftsgebiet beträchtlich erweiterte, war ein beständiger Dorn im Auge der Kolonialmacht England. Als der „Tiger von Mysore" den Briten schließlich den Frieden aufkündigte, konnte er noch nicht ahnen, dass ihn das 1799 – im letzten von vier Kriegen – das Leben kosten sollte. Danach stand Mysore unter dem Einfluss der britischen East India Company, und die als Gouverneure eingesetzten Wodeyars waren ein weiteres Mal zu Vasallen degradiert.

Die Mitglieder der königlichen Familie widmeten sich traditionell den schönen Künsten. Sie betätigten sich selbst als Autoren, Komponisten und Musiker, aber auch in größerem Umfang als Mäzene. Nicht zuletzt das Orientalische Forschungsinstitut wurde 1891 auf Geheiß eines Wodeyars gegründet. Diese Bibliothek sammelt und veröffentlicht bis in die Gegenwart historische Palmblattmanuskripte.

Der im verschwenderischen indosarazenischen Architekturstil erbaute Königspalast in seiner heutigen Form wurde erst Ende des 19. Jahrhunderts in Auftrag gegeben. Er entstand an der Stelle eines hölzernen Vorgängers, der 1897 vollständig ausbrannte. Der britische Architekt Henry Irwin vereinte im Neubau Elemente der Moghul-Architektur mit solchen des neogotischen europäischen Stiles. Bewusst strebte er eine kulturverbindende Mischung an.

Königliche Unterstützung erfuhr seit jeher auch die traditionelle Seidenweberei Mysores. Bis heute werden hier landesweit begehrte Saris mit – teils echten – Goldfäden hergestellt. Ein jüngerer Wirtschaftszweig in Mysore ist die IT-Branche, deren größtes indisches Unternehmen Infosys hier kürzlich das nach eigenen Angaben weltgrößte Ausbildungszentrum für IT-Fachkräfte errichtete.

Der Amba Vilas, der Maharadscha-Palast in Mysore, ist nicht nur außen reich verziert (rechts). Im Hochzeitssaal schweben böhmische Lüster unter einem Deckenmosaik aus belgischem Glas. Die Decke selbst wird gestützt von gusseisernen Pfeilern aus Glasgow (oben).

Farben bringen Glück. Farbpulver, fein gehäufelt (links und rechts) für die tägliche Puja oder auch mit Milch und Saft gemischt für das Begießen großer Jaina-Statuen beim Fest der Mahamastakabhisheka (oben), sind ein prächtiger Anblick auf den Märkten. Mit Farbpulver werden Tiere bemalt, Muster auf Wände und Böden gezeichnet und beim Holifest Freunde und Feinde beworfen.

Chandan

Wie ein Auge liegt der türkise See tief in der Felsenlandschaft von Badami. Bevor sie den Göttern ihre Verehrung in den zahlreichen Tempeln des Ortes darbringen, baden die Frommen seit Jahrhunderten in dem natürlichen Wasserreservoir. Tempelteiche sind Bestandteil heiliger Bezirke seit vorchristlicher Zeit überall in Indien.

HAMPI

Wenn von Hampi die Rede ist, dann ist selten das Dorf inmitten von Bananenplantagen und Reisfeldern im Bundesstaat Karnataka gemeint, sondern das knapp 30 Quadratkilometer große ruinenübersäte Areal rund um das Dorf. Die Ruinen aus dem 14. bis 16. Jahrhundert sind Überreste der einstigen Hauptstadt des mächtigen Reiches von Vijayanagar. 1336 als hinduistisches Bollwerk gegen muslimische Einfälle aus dem Norden gegründet, umfasste das Reich von Vijayanagar bald ganz Südindien. In der Folge florierte auch die 1343 errichtete gleichnamige Hauptstadt, die wohl bis zu einer halben Million Einwohner beherbergte. Gut 200 Jahre später gewannen dann allerdings die Armeen der Dekkan-Sultanate die Oberhand und besiegten die Armee von Vijayanagar in einer entscheidenden Schlacht nahe Hampi. Die Sieger plünderten die Stadt daraufhin sechs Monate lang, bevor sie sie dem Erdboden gleichmachten. Dennoch hat das einstige Zentrum des Vijayanagar-Reiches seinen Reiz nicht verloren. Die bizarre Landschaft aus gewaltigen Granitfelsen, die auch das Material für sämtliche Bauten lieferte, ist ein beeindruckender Anblick.

An dem sich malerisch dahinschlängelnden Tungabhadra (links) mit seiner zyklopischen Felsenlandschaft, die Extremsportler auf immer neue Einfälle bringt (rechts), befindet sich die alte Prozessionsstraße zum Virupakshatempel von Hampi. Beim „Wagenfest" wurden hier früher übermannshohe Tempelwagen von Hunderten von Gläubigen gezogen.

Die schön verzierten Elefantenställe des königlichen Zentrums von Vijayanagar (oben) lassen auf die Schönheit des weitgehend zerstörten Palastes schließen. Heilige Männer nutzen heute noch die Tempel der Stadt und rasten unter den Bäumen des riesigen archäologischen Areals (rechts).

GURUS AUS INDIEN

Die in den 1960er Jahren entstandene Hippie-Bewegung suchte nicht zuletzt in Indien nach spiritueller Führung. Einer der beliebtesten Lehrer oder Gurus war Osho, der sich für mehr Freizügigkeit nicht nur in der indischen Gesellschaft aussprach. Der ihm von der Presse verliehene Titel eines „Sex-Gurus" entsprach jedoch nicht seinem Selbstverständnis. Nachdem er in den 1980er Jahren in die USA übergesiedelt war, machte Osho vor allem durch seinen luxuriösen Lebensstil inklusive 96 Rolls-Royce von sich reden.

Großen Zulauf fand auch Sai Baba, der sich als Reinkarnation eines gleichnamigen Heiligen darstellte. Um dessen Prophezeiung seiner Wiedergeburt zu erfüllen, fälschte Sai Baba sogar sein Geburtsjahr. Nicht nur in seinem Heimatort Putthaparthi in Andhra Pradesh wird er im Ashram „Prasanthi Nilayam" trotz immer wieder laut werdender Missbrauchsgerüchte bis heute verehrt.

Ganz anders Bhaktivedanta Swami Prabhupada, der Urheber der „International Society for Krishna Consciousness" (ISKCON). Er predigte stets einen asketischen Lebensstil, geprägt von Bhakti-Yoga, der bedingungslosen Hingabe an den Gott Krishna. Nach einem Aufenthalt in den USA Mitte der 1960er Jahre fand seine nach dem täglich zu rezitierenden Mantra benannte „Hare Krishna"-Bewegung zahlreiche Anhänger im Westen.

Osho (oben) und Sai Baba (rechts), die beiden im Westen bekanntesten indischen Gurus, genießen einen zweifelhaften Ruf. Dem Gründer der Hare-Krishna-Bewegung, Bhaktivedanta Swami Prabhupada (links), werden dagegen keinerlei unlautere Praktiken vorgeworfen.

Die Hare-Krishna-Bewegung hat es sich zur Aufgabe gemacht, Frieden in die Welt zu bringen. Sie ist heute in aller Welt verbreitet. Der Gott Krishna wird in Tempeln (unten, in Großbritannien) wie auch auf der Straße (links in Durban, Südafrika) fröhlich verehrt.

Die Bewohner Chennais nutzen jede Gelegenheit zum Feiern. So freuen sich Wahlhelfer und Sympathisanten über die gewonnene Wahl der örtlichen Partei (DMK) auf den Straßen (unten). Ein alltäglicheres Vergnügen ist das Kino (rechts). Im tamilsprachigen Chennai werden auch Hindi-Filme gern gesehen.

CHENNAI

Am nordöstlichen Ende Tamil Nadus liegt die Hauptstadt des Bundesstaates als langgezogene Küstenmetropole. Ihr alter britischer Name Madras wurde 1997 auf Druck tamilischer Nationalisten in Chennai geändert. Sie wollten damit die Rückbesinnung auf eine vorkoloniale Identität zum Ausdruck bringen und die Anfänge Chennais als Fischerdorf „Chennapatnam" betonen. Auch wenn sich die Stadt aus einigen zum Teil sehr alten Dörfern entwickelte, hat sie in ihrer heutigen Erscheinungsform doch eine relativ junge Geschichte und ist unwiderruflich mit dem Erscheinen der Briten in Indien verbunden. Die East India Company suchte einen geeigneten Handelsstützpunkt an der Koromandelküste, der Ostküste Indiens, und sandte ihren Angestellten Francis Day aus, um einen geeigneten Ort dafür zu suchen. Obwohl das Gebiet um Chennai keinen natürlichen Hafen hatte, pachtete er 1639 einen schmalen Streifen Land zwischen den Flüssen Cooum und Arpay von dem örtlichen Machthaber, dem Nayak von Vandavesi. Nachdem auch Days Vorgesetzter Andrew Cogan die Gegend in Augenschein genommen hatte, begann man schnell mit dem Bau eines Forts, das zu einem bedeutenden britischen Außenposten in Indien werden sollte. Da es 1640 am Tag des heiligen Georg, des Schutzpatrons Englands und auch der East India Company, fertiggestellt wurde, wurde es „Fort Saint George" genannt.

Der Hafen Chennais wurde bald der wichtigste Dreh- und Angelpunkt britischer Handelstätigkeit in Indien. Trotz seiner starken Befestigungen konnten die Franzosen die Stadt 1746 einnehmen und den Sekretär der East India Company, Robert Clive, gefangen nehmen. Dem jungen Engländer gelang jedoch die Flucht, woraufhin er die Feder gegen den Degen tauschte und in den Militär-

Kaho Naa... Pyaar Hai
Rakesh Roshan's
Music RAJESH ROSHAN
Kaho Naa... Pyaar Hai
MOVIES
MAGIC
Coca-Cola
MELODY
(AIR-CONDITIONED)
THEATRE
dts
Balcony
Dress Circle

Am längsten Strand der Welt stechen Fischer direkt in der Hauptstadt Tamil Nadus in See. Flache Boote dienten früher auch zum Ausbooten der draußen auf Reede liegenden Überseedampfer.

dienst eintrat. Fortan „Clive of India“ genannt, war er maßgeblich verantwortlich für die Ausdehnung des britischen Einflusses in Südindien.

Einige Jahre später gelang es den Briten, Chennai zurückzuerobern. Sie erweiterten das Fort und hielten weiteren Überfällen sowie einer einjährigen Belagerung durch die Franzosen stand. Aufgrund der zentralen Rolle Chennais bei der Versorgung und Verwaltung der britischen Stützpunkte in Südindien wurde es die Hauptstadt der „Madras Presidency“, der englischen Provinz, die nahezu ganz Südindien umfasste.

Chennai ist auch heute noch ein wichtiger Verkehrsknotenpunkt und das „Tor zum Süden“. Fünf Bundesautobahnen, zwei Bahnhöfe, ein internationaler Flughafen und zwei Häfen sorgen für gute Verbindungen zum Subkontinent und in die ganze Welt. Diese hervorragende Anbindung macht die Stadt zum attraktiven Wirtschaftsstandort. Indische, aber auch internationale Automobilkonzerne und Elektronikhersteller wie Motorola oder Samsung haben hier Produktionsstätten. Nach Bangalore ist Chennai außerdem der zweitgrößte Exporteur von Software und IT-Dienstleistungen in Indien. Neben der petrochemischen und der Textilindustrie trägt auch der Finanzdienstleistungssektor zum relativen Wohlstand bestimmter Bevölkerungsschichten bei. Sogar die Weltbank hat hier eine Zweigstelle. Viele Banken und Büros konzentrieren sich in George Town, dem ehemaligen britischen Handelszentrum nördlich des Forts.

In den modernen Gesundheitszentren werden weniger die von Smog, sonstiger Umweltverschmutzung und Malaria gepeinigten Einwohner Chennais versorgt, als vielmehr sogenannte Medizin-Touristen, die auf der Suche nach einer preiswerten Untersuchung oder Operation um die Welt reisen. Laut Statistik ist die Gesundheitshauptstadt Indiens einer der ungesündesten Orte der Welt. Chennai hat mit all den Problemen zu kämpfen, die zu schnelles Wachstum mit sich bringt. Angesichts der bitteren Armut in den riesigen Slums ist ein knapp drei Quadratkilometer großer Nationalpark innerhalb der Stadtgrenzen deshalb nur ein schwacher Trost.

Das Fort St. George war früher das Zentrum der britischen Stadt mit Gouverneurspalast und Sitzungssaal. Die Alte Börse beherbergt heute das Fortmuseum mit seiner großen Waffensammlung.

CHENNAI CENTRAL
Airtel
TN45
1569

Markante Bauten aus der Kolonialzeit wie der Hauptbahnhof (links) sind die besonderen Schmuckstücke in Chennais Stadtzentrum. Modernes Business ist dort überall anzutreffen. Abseits der Hauptstraßen sind jedoch oft Belastbarkeit und Erfindungsreichtum beim Transport von Gütern gefragt (oben und rechts).

Die langen dunklen Haare tamilischer Frauen regten 2003 Haarkünstler zu einem Wettbewerb der Coiffeure an. Eingeflochtene Boote (links) und Zweige (rechts) werden aber sicher nicht den traditionellen schweren Haarknoten verdrängen.

AIBHA
AWARDS 2003

Die 1936 gegründete Tanzschule Kalakshetra für Tanz, Musik und Kunsthandwerk pflegt besonders den aus Tamil Nadu stammenden Bharatnatyam, einen der fünf klassischen Tanzstile Indiens. Ausdrucksstarke Mimik und komplizierte Handhaltungen verstärken die Aussagekraft des Tanzes.

Das Chittra-Purnima-Fest, bei dem vor allem Frauen den Göttern Milch und Kokosnüsse darbringen (rechts), und die Feiern zu Ehren des Gottes Murugan sind farbenfrohe Volksfeste in Chennai. Dabei werden asketische Praktiken wie die blutlose Durchbohrung mit Dreizack und Lanzen geübt (oben und ganz rechts).

Das mittelalterliche Fort von Trichy

mit einem Shiva- und einem Ganesha-Tempel thront 440 Stufen und 83 Meter über der Stadt am Kaveri (rechts). Schon im 7. Jahrhundert waren an diesem Ort Höhlentempel angelegt. Auf der Inselstadt Sriragnam nördlich von Trichy befindet sich der Sri-Ranganathaswamy-Tempel mit seinen außergewöhnlichen Pferdeplastiken (links).

Das Leben auf dem Land ist hart für die Frauen. In ihren Händen liegen vorwiegend der Reisanbau (links) und die Ernte. Männer verrichten schwere Arbeiten wie das Schneiden und Transportieren von Zuckerrohr (oben). Aus Reis und Sirup aus frisch geschnittenem Zuckerrohr besteht die Festspeise beim tamilischen Pongal(Ernte)-Fest im Januar.

MADURAI Das wohl bedeutendste Zentrum tamilischer Kultur schmiegt sich an die Ufer des Flusses Vagai, der aus den Westghats kommend den Bundesstaat Tamil Nadu in südöstlicher Richtung durchfließt. Er trennt Madurai in eine Neustadt nördlich des Flusses und eine Altstadt im Süden. Dem historischen Kern verdankt Madurai den Beinamen „Tempelstadt". Ihr unbestrittener Mittelpunkt ist die quadratische Tempelanlage, die sich um den Minakshi-Sundareshvara-Tempel auf etwa sechs Hektar Fläche erstreckt.

Unter der Herrschaft der Pandyas spätestens im 3. Jahrhundert v. Chr. gegründet, erlebte Madurai seine Blütezeit als Hauptstadt ihres Reiches. Der Handel mit Seide, Perlen und Gewürzen machte die Herrscher so reich, dass sie drei „Sangams", eine Art Literaturakademie, unterhalten konnten. Hier entstand die früheste tamilische Literatur, die sogenannte Sangam-Literatur. Dabei handelt es sich um eine Sammlung von über 2000 Gedichten verschiedener Autoren, die sich hauptsächlich mit dem alltäglichen Leben der Menschen befassen.

Madurai blieb fast 1000 Jahre lang Hauptstadt der Pandyas, bis es 920 in die Hände der Cholas fiel. Ein kurzes Aufflackern der Pandya-Macht im 13. Jahrhundert wurde wiederum jäh beendet durch einen Raubzug Malik Kafurs, eines Feldherrn des Sultans

Vom Dach der gegenüberliegenden Häuser aus eröffnet sich der Blick auf das riesige Geviert des Menakshi-Tempels. Eine goldene Kuppel ziert das Heiligtum inmitten der nach innen immer kleiner werdenden, bunt verzierten Tempeltore.

Die Götterhochzeit von Shiva und seiner Braut Menakshi ist über dem Eingang einer Tempelhalle des Menakshi-Tempels zu sehen (oben). Beim Teppam-Fest lässt man das Götterpaar auf Flößen im Mariamman Teppakulam, dem größten Tempelteich Indiens, kreisen (rechts).

von Delhi, der große Teile der Stadt in Schutt und Asche legte. Madurai war der südlichste Punkt, den der islamische Einfluss in Indien je erreichte. Verantwortlich dafür war die Gründung des Großreichs Vijayanagar, das ein hinduistisches Bollwerk gegen weitere muslimische Überfälle bildete. Nach einer kurzen Zeit als unabhängiges Sultanat wurde Madurai 1371 ein Teil dieses Reiches. 200 Jahre später, nach dem Zusammenbruch von Vijayanagar, übernahmen die Nayaks, die einstigen Statthalter, die Macht. Der bedeutendste unter ihnen war Thirumalai Nayak, unter dessen Herrschaft Madurai zu neuem Glanz erblühte. Der teilweise zerstörte Menakshi-Sundareshvara-Tempel wurde wieder aufgebaut und erweitert. In seiner direkten Nähe legte man eine Anzahl konzentrischer Plätze an, die den Haupttempel wie die Blütenblätter eines Lotus umgeben sollten.

Heute ist Madurai eine hektische Großstadt mit dem landestypischen Verkehrschaos. Der Strom der Pilger reißt dennoch das ganze Jahr über nicht ab. 15 000 Menschen betreten die Tempelanlage täglich durch die vier knapp 50 Meter hohen Gopurams. Diese als Tortürme gestalteten Eingänge sind ein wichtiger Bestandteil der drawidischen Tempelkunst, die in Madurai zur Vollendung gelangte. Überreich mit Stuckfiguren der hinduistischen Götterwelt geschmückt, erfreuen sie das Auge des Betrachters durch eine unvergleichliche Farbenpracht, wie sie für die ganze Stadt typisch ist.

Eine besondere Mutprobe ist das Bullenrennen in der Gegend von Madurai. Junge Männer versuchen, sich mindesten 50 Meter auf einem Bullen zu halten. Das Dorffest findet am dritten Tag des Erntedankfestes Pongal statt, wenn geschmückte Bullen – von Hunderten von Jugendlichen begleitet – durch eine enge Gasse getrieben werden.

TAMIL-KULTUR

Die Blütezeit der Chola-Dynastie vom 9. bis zum 12. Jahrhundert war für die tamilische Kultur insgesamt ein goldenes Zeitalter. Bildende Kunst, Tanz und Architektur des Südens waren prägend für ganz Indien. Grundlage der tamilischen Identität war und ist bis heute vor allem „Mutter Tamil", die gemeinsame Sprache. Die schätzungsweise 77 Millionen Tamilen leben über alle Kontinente verstreut, vor allem aber im Süden Indiens und Nordosten Sri Lankas. Aus der großen singhalesischen Chronik, dem „Mahavamsa", ist bekannt, dass es seit 250 v. Chr., als der Buddhismus Sri Lanka erreichte, enge Verbindungen zwischen Festland und Insel gab.

Seit die Briten während der Kolonialzeit die Tamilen politisch bevorzugten, zeichnete sich ein Konflikt ab, der nach der Unabhängigkeit Sri Lankas 1948 offen ausbrach. So herrscht seit den 1980er Jahren ein blutiger Bürgerkrieg zwischen Tamilen und Singhalesen. Neben allen kriegerischen Auseinandersetzungen gab es aber immer auch friedliche Begegnungen. So heirateten singhalesische Könige aus Kandy in Zentral-Sri Lanka gern Prinzessinnen aus Madurai, die „Damiladevi", tamilische Königin, genannt wurden.

Die Volksgruppe der Tamilen pflegt viele eigene Traditionen. Ihr wichtigstes Fest ist das Pongal-(Erntedank)-Fest, zu dem die Frauen ein spezielles Reisgericht kochen und aus buntem Reis Muster streuen (links). Auf Teeplantagen sind oft bunt gekleidete tamilische Pflückerinnen zu sehen (oben).

Scharfe Currys (unten) und **actionreiche Filme** (rechts) gehören zu den Vorlieben der Tamilen. Die meisten tamilsprachigen Filme werden im Chennaier Stadtteil Kodambakkam produziert, weshalb die tamilische Filmindustrie gern „Kollywood" genannt wird. Sie sind berühmt-berüchtigt für ihre ausufernden Kampfkunsteinlagen.

KOCHI

Eine großflächige Überschwemmung im Jahre 1341 veränderte das Mündungsgebiet des Flusses Periyar nachhaltig. Der natürliche Hafen des heutigen Kodungallur an der Westküste Indiens wurde zerstört. Gleichzeitig entstand jedoch ein neuer Hafen etwas weiter südlich, wo sich eine Salzwasserlagune mit zahlreichen Inseln und Halbinseln bildete. Diese hervorragenden natürlichen Bedingungen ließen Kochi, Hauptstadt eines kleinen gleichnamigen Königreichs, zum wichtigsten indischen Hafen am Arabischen Meer werden. Die günstige Lage lockte auch die Portugiesen an, die hier 1502 die erste europäische Niederlassung in Indien errichteten. Später kamen auch Holländer und Briten. Letztere schufen in den 1920er Jahren eine zusätzliche Insel bei dem Versuch, den Hafen von Kochi auch für Ozeanriesen schiffbar zu machen. Sie trugen so dazu bei, dass die Stadt bis heute Keralas wichtigster Hafen und Hauptumschlagplatz für Handelsgüter wie Gewürze und Meeresfrüchte geblieben ist. Während sich die auf dem Festland gelegene Schwesterstadt Ernakulam in den letzten Jahren zum IT-Standort entwickelte, konnte Kochi sich seinen Charme aus Kolonialtagen bis heute bewahren.

Wie Masken erscheinen die bemalten Gesichter der Tänzer von Kerala (links). Der klassische Kathakali-Tanz bringt personifizierte Gefühle auf die Bühne. Südlich von Kochi beginnt das Lagunengebiet (rechts) parallel zur Küste, in dem Naturgeister in der Dämmerung ihr Unwesen treiben.

Moderner Sportsgeist gepaart mit alten Bräuchen bringt Männer und Frauen in die Boote. In der Lagune von Alleppey findet alljährlich das Nehru-Bootsrennen statt (links und oben). Das Ganze wird genauso als Volksfest gefeiert wie das Erntefest. Zum Auftakt werden traditionelle Tänze aufgeführt (rechts).

Airtel
Express Yourself
mots

MANGALORE

Dort, wo sich die Flüsse Gurpura und Netravati in einer Lagune an der Westküste Indiens vereinigen, um dann gemeinsam ins Arabische Meer zu fließen, liegt die Hafenstadt Mangalore. Der Netravati umfließt die Stadt im Süden, der Gurpura im Norden, bevor er recht unvermittelt abknickt und eine kurze Strecke parallel zur Küste verläuft, nur durch einen schmalen Streifen Land vom Meer getrennt.

Bereits den Römern und Griechen war die heute im Bundesstaat Karnataka gelegene Stadt als Handelsknotenpunkt bekannt. Kaufleute aus Persien und dem Jemen hatten hier Niederlassungen. Auch war Mangalore lange Zeit Hauptstadt der lokalen Alupa-Dynastie, die ab dem 5. Jahrhundert für etwa 1000 Jahre die Region beherrschte, zumeist allerdings als Vasallen überregionaler Herrscherhäuser. Die Portugiesen verbrachten Ende des 16. Jahrhunderts nur fünf Jahre in der Stadt, bevor sie von General Hyder Ali vertrieben wurden. In einem zweiten Anlauf besiegten die Briten jedoch dessen Sohn und nahmen die Stadt in Besitz. Von dieser Zeit zeugt noch die Ruine der „Sultan's Battery", einer Wehranlage, die die Zufahrt zum Gurpura kontrollierte.

Ein Zentrum des internationalen Handels ist Mangalore bis heute geblieben. 75 Prozent des indischen Kaffees sowie große Mengen Pfeffer und Cashewnüsse werden heute hier verschifft.

Das Leben in Mangalore wird von seiner Lage am Meer bestimmt. Sein Hafen ermöglicht seit der Antike einen regen Handel und hat dafür gesorgt, dass sich hier ein bunter Mix verschiedenster Volksgruppen ansiedelte.

Die Fischerei ist neben dem Handel das wichtigste wirtschaftliche Standbein an der Küste Karnatakas. Die einfachen Fischer, die mit ihren kleinen Booten aufs Meer hinausfahren, haben allerdings immer mehr Mühe, sich gegen große Trawler durchzusetzen. Oft können sie kaum den Lebensunterhalt für sich und ihre Familien aufbringen.

YOGA & AYURVEDA

Das Sanskrit-Wort Yoga („zusammenbinden") meint die Verbindung zwischen dem Individuum und der höchsten göttlichen Energie – eines der wichtigen Ziele des Hinduismus. Entstanden vor mindestens 3000 Jahren, wurde mit dem Begriff Yoga ursprünglich eine philosophische Schule bezeichnet, deren Ziel die Kontrolle über den Geist war und damit letztendlich die Befreiung aus dem Kreislauf der Wiedergeburten. Das heute im Westen besonders populäre Hatha-Yoga ist nur eine Spielart des Yoga, die auf Körperhaltungen (Asanas) und Atemübungen (Pranayamas) beruht. Yoga ist im Übrigen nicht auf den Hinduismus beschränkt, auch einige buddhistische Schulen lehren es als Mittel zur Erleuchtung.

Eine gesunde Seele als Voraussetzung für einen gesunden Körper ist auch das Ziel der auf 5000 Jahre altes Wissen zurückgehenden Ayurveda-Medizin. Ursprünglich allein auf Erfahrung gegründet, wurde das „Wissen vom Leben" später in einer Reihe vedischer Schriften festgehalten. Den Ausgangspunkt der Lehre bilden drei Körperkräfte, sogenannte Doshas, die sich im Gleichgewicht befinden müssen, um einen Körper gesund zu erhalten.

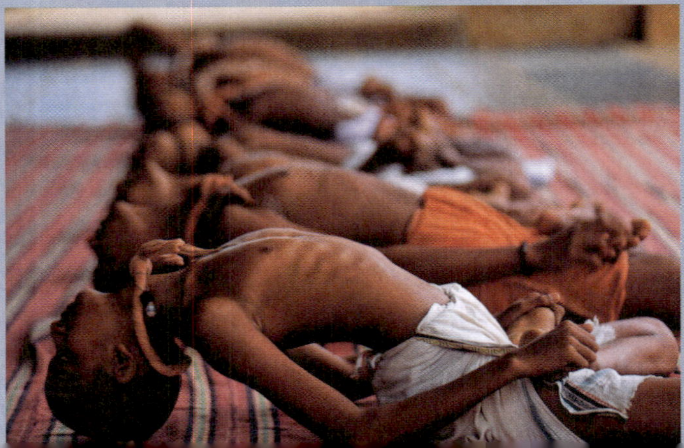

Das verbreitete Hatha-Yoga basiert auf „Asanas", bestimmten Körperhaltungen. Durch die Kontrolle über den Körper soll auch eine Beruhigung des Geistes erreicht werden (oben). Es ist also eine Form der Meditation, die auch an speziellen Schulen gelehrt wird (links).

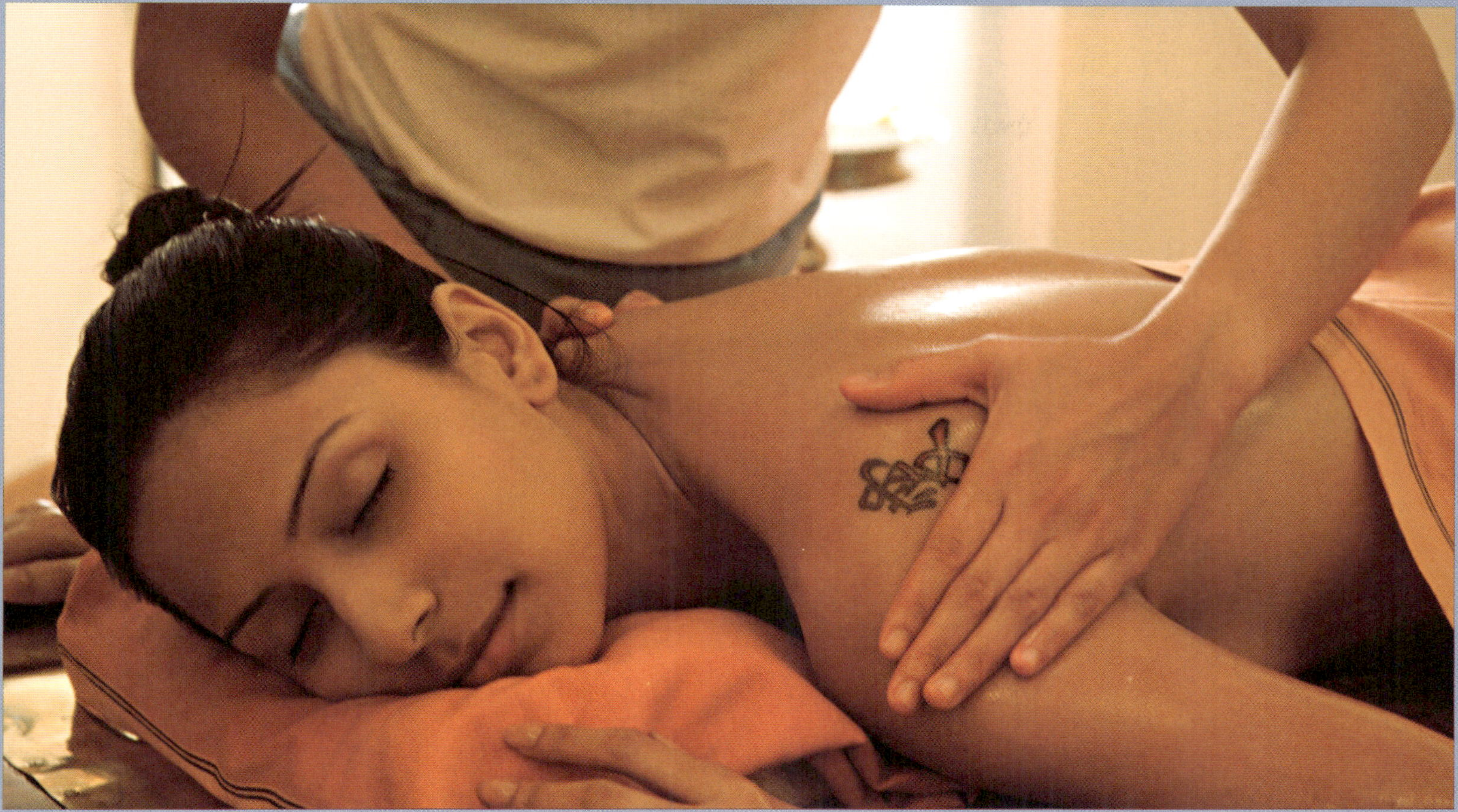

Ayurveda ist nicht immer so angenehm wie diese Ölmassage (oben). Das stückweise Schlucken eines Stoffstreifens etwa, mit dem der Schleim aus dem Magen gezogen werden soll, mag weniger entspannend sein.

ZEITRAUM	PERIODEN · EREIGNISSE · HERRSCHERDYNASTIEN	REGION
2600–1750 v. Chr.	**Induskultur**	
ca. 2600–1900 v. Chr.	*Blütezeit in Mohenjo Daro und Harappa*	Nordwestindien, heute Pakistan
ab 1900 v. Chr.	*Beginn des Untergangs der Induskultur*	Nordwestindien, heute Pakistan
1500–500 v. Chr	**Vedische Periode**	
ab 1500 v. Chr.	*Einwanderung der Arier aus Zentralasien*	Nordwestindien
ab 600 v. Chr.	*Ausbreitung Richtung Osten, Gründung kleiner Fürstentümer*	Nordindien, Nordostindien
500–150 v. Chr.	**Das Großreich**	
ca. 400–50 v. Chr.	Magadha-Reich	Nordostindien
ca. 400 v. Chr.	*Gründung des Großreiches*	Nordindien
ca. 343–321 v. Chr.	Nanda-Dynastie	Nordindien, Mittelindien
ab 327 v. Chr.	*Eroberungszüge Alexanders des Großen*	Nordwestindien
ca. 321–185 v. Chr.	Maurya-Dynastie	Nordwestindien
ca. 265–238 v. Chr.	Regierungszeit des Maurya-Königs Ashoka	Nordwestindien, Mittelindien, Südindien
ab 233 v. Chr.	*Zerfall des Großreiches*	Nordwestindien, Mittelindien, Südindien
ca. 185–73 v. Chr.	Shunga-Dynastie	Nordindien
150 v. Chr. –300 n. Chr.	**Regionalstaaten**	
ca. 150–100 v. Chr.	*Vordringen zentralasiatischer Stämme*	Nordwestindien
ab 50 v. Chr.	*Eroberungszüge der Parther und Skythen*	Nordwestindien
1.–3. Jh. n. Chr.	Kushana-Dynastie	Nordindien
ca. 200 v. Chr.–220 n. Chr.	Shatavahana-Dynastie	Mittelindien
320–500	**Gupta-Dynastie**	
ca. 320–335	Regierungszeit Chandraguptas I.	Nordindien
ca. 355–375	Regierungszeit Samudraguptas	Nordindien
ca. 375–415	Regierungszeit Chandraguptas II.	Nordindien, Mittelindien
ca. 415–455	Regierungszeit Kumaraguptas	Nordindien
ca. 455–467	Regierungszeit Skandaguptas	Nordwestindien
ab 455	*Anstürme der Hunnen*	
ca. 467–497	Regierungszeit Budhaguptas	Nordindien, Nordwestindien

ZEITRAUM	PERIODEN · EREIGNISSE · HERRSCHERDYNASTIEN	REGION
600–1200	**Regionalreiche**	
ca. 500–700	Chalukya-Dynastie	Westindien
ca. 700–900	Rashtrakuta-Dynastie	Westindien
ca. 780–900	Gurjara-Pratiharas	Nordindien
ab 600	Pallava-Dynastie	Südindien, Südostindien
ca. 700–900	Pala-Dynastie	Nordostindien
850–1270	**Chola-Reich**	
ca. 871–907	Regierungszeit Adityas	Südindien
ca. 985–1012	Regierungszeit Rajarajas	Südindien
ca. 1012–1044	Regierungszeit Rajendras	Südindien
ab 1150	*Zerfall in Kleinstaaten (Pandya und Hoyshalas)*	Südindien
1000–1526	**Islamische Invasion**	
1000–1027	*17 Angriffe des Mahmud von Ghazni*	Nordwestindien, Mittelindien
ab 1150	*Angriffe des Mohammed Ghuri*	Nordwestindien, Nordindien
1206	*Gründung des Sultanats von Delhi*	Mittelindien
ab 1350	*Zerfall des Sultanats von Delhi*	Mittelindien
ab 1350	*Gründung einzelner Regionalreiche (Mewar, Vijayanagara)*	Gesamtindien
ca. 1451–1526	Lodi-Dynastie	Nordindien
1526–1750	**Moghul-Dynastie**	
1526–1530	Regierungszeit Baburs	Nordwestindien
1530–1556	Regierungszeit Humayuns	Nordwestindien
1556–1605	Regierungszeit Akbars	Nordwestindien
1600	*Gründung der East India Company*	
1605–1627	Regierungszeit Jahangirs	Nordwestindien
1627–1659	Regierungszeit Shah Jahans	Nordwestindien
1659–1707	Regierungszeit Aurangzebs	Nordwestindien
1707–1750	Regierungszeit schwächerer Herrscher	Nordwestindien

ZEITRAUM	PERIODEN · EREIGNISSE · HERRSCHERDYNASTIEN	REGION
1750–1947	**Britische Kolonie**	
1757	*Schlacht von Plassey*	Nordostindien
1857	*Sepoy-Aufstand, Ende der East India Company*	Nordindien
ab 1857	*Indien wird englische Kronkolonie*	Gesamtindien
1857	*Königin Viktoria wird Kaiserin von Indien*	Gesamtindien
1885	*Gründung des Nationalkongresses*	
1906	*Gründung der Muslimliga*	
1919	*Boykott britischer Waren*	Gesamtindien
1930	*Salzmarsch Mahatma Gandhis*	Westindien
1930	*Nehru wird Vorsitzender des Nationalkongresses*	
1945	*Unabhängigkeit Indiens*	Gesamtindien
1945–1947	Interimsregierung Nehru/Jinnah	Gesamtindien
15.08.1947	*Teilung in Indien und Pakistan, Machtübergabe der Briten*	Gesamtindien
ab 1947	**Republik Indien**	
1947–1949	*Erster Pakistanischer Krieg*	Nordindien
30.01.1948	*Ermordung Mahatma Gandhis*	
26.01.1950	*Die Verfassung tritt in Kraft*	
1956	*Neuorganisation der Bundesstaaten*	Gesamtindien
1962	*Grenzkrieg mit China*	Nordostindien
09.06.1964	Amtsantritt von MP Lal Bahadur Shastri	Gesamtindien
1965	*Zweiter Pakistanischer Krieg*	Nordindien
18.01.1966	Amtsantritt von MP Indira Gandhi	Gesamtindien
1971–1972	*Dritter Pakistanischer Krieg*	Nordostindien
1974	*Erster Atomwaffentest („smiling Buddha")*	Nordwestindien
ab 1977	Notstandsregierung	Gesamtindien
02.11.1984	Amtsantritt von MP Rajiv Gandhi	Gesamtindien
21.06.1991	Amtsantritt von MP Narasimha Rao	Gesamtindien
1992	*Erstürmung der Babri-Moschee*	Nordindien
16.05.1996	*Amtsantritt von MP Atal Bihari Vajpayee*	Gesamtindien
22.05.2004	*Amtsantritt von MP Manmohan Singh*	Gesamtindien

REGISTER

A
Abu'l Fazl 38
Achämeniden 17
Adham Khan 325
Adi 233
Aditya 30
Adivasi 121, 208, 210, 262
Afghanistan 18, 32, 36, 112, 314
Aga Khan III. 380
Aga-Khan-Palast 380
Agni 55, 63
Agra 37ff., 114, 162, 168, 171f., 208
Ahar (Fluss) 184
Ahmed Shah 196
Ahmedabad 114, 196, 198
Ahoms 212, 226
Ahura Mazda 371
Ajanta 26, 328, 331
Ajatashatru 17
Ajmer 160f.
Akal Takht 77
Akbar 36ff., 40, 66, 77, 113f., 162, 169, 172, 326
Aksai Chin 51
Ala ud-Din Khalji 32
Alamgir II. 42
Albuquerque, Afonso de 422
Alchi 63
Alexander der Große 17, 21
Allahabad 23, 26, 208, 221
Alleppey 498
Alupa-Dynastie 500
Amaravati 22
Amba Vilas, Mysore 460
Amber 36, 38, 114, 181
Amritsar 46, 53, 77, 79, 80, 83, 84
Andamanen 30
Andhra Pradesh 35, 308, 312, 384, 470
Andhras 22
Antigonos 17
Apatani 233
Araber 32
Arabisches Meer 311, 421, 496, 500
Aravalli-Berge 112, 184
Arpay, Fluss 472
Arthashastra 17
Arunachal Pradesh 212, 226
Arya 15
Asaf ud-Daula 215
Asafi-Moschee, Lucknow 215
Ashoka 18, 19, 30, 201, 210, 273, 308
Assam 208, 212, 226, 236
Aurangabad 328
Aurangzeb 39, 40, 171, 314
Aurobindo 45
Avadh 215, 222
Ayodhya 54, 222, 224
Ayurveda 504

B
Babri-Moschee, Ayodhya 54, 222
Babur 36, 54, 65, 120, 168, 215
Bachchan, Amitabh 377
Badami 28, 465
Baga 428
Bahadur Shah II., Moghulkaiser 45, 120
Bahadur Shah, Sultan von Gujarat 36
Bahai 144
Bahmani-Sultanat 35
Baji Rao II. 43
Baksar 42
Baktrien 21
Bangalore 384, 406, 424, 434ff., 474
Bangladesh 49, 53, 161, 212, 261
Basgo 63
Baz Bahadur 325, 326
Beas (Fluss) 65
Benares siehe Varanasi
Bengalen 36, 49, 270, 283
Besant, Annie 45
Bhagavadgita 250
Bhagwan siehe Osho
Bhakti-Bewegung 27, 37
Bhaktivedanta Swami Prabhupada 470
Bharatiya-Janata-Partei (BJP) 53f., 222
Bharhut 18, 273
Bhavani Singh 176
Bhopal 311, 314
Bhubaneswar 212
Bhutan 212
Bihar 17, 23, 208, 210, 254, 262
Bikaner 182
Bimbisara 17
Bodh Gaya 20, 25, 254, 257
Bodo 226
Bollywood 10, 57, 336, 339, 374
Bombay siehe Mumbai
Brahma 252
Brahmanen 15, 22, 26, 208
Brahmaputra 208, 212, 226
Brahmo Samaj 44
Brhadishvara-Tempel, Tanjavur 30
Brhadratha 18
Briten 27, 42ff., 65, 79, 99, 114, 196, 217, 240, 338, 379f., 422, 458, 474
Buddha 17, 20ff., 25, 208, 254, 257, 259, 273, 328, 394
Buddhismus 15, 18, 28, 60, 63, 65, 204, 208, 254, 308
Budhagupta 26
Bukka, Gründer des Vijayanagar-Reichs 35
Burma 120

C
Chalukyas 28, 331, 422
Chamundi-Berge 458
Chand, Nek 87
Chandelas 27, 308, 321
Chandigarh 65, 87, 88, 91
Chandragupta I. 23, 24
Chandragupta II. 24
Chandragupta Maurya 17
Charles II. 336
Charminar, Hyderabad 389
Charnock, Job 268
Chauduri, Amit 273
Chenab (Fluss) 65
Chennai 42, 406, 472ff.
Chera-Dynastie 421
Chhahtrapati Shivaji Terminus, Mumbai 338, 346
Chhattisgarh 311
Chilika Lake 210
China 10f., 21, 51, 57, 261
Chittor-Festung 113
Choglamsar 104
Cholas 28, 30f., 421, 488, 494
Chotanagpur-Plateau 210, 262
Chowmahalla Palace, Hyderabad 398
Chowpatty Beach, Mumbai 352
Clive, Robert 42, 472
Cogan, Andrew 472
Connaught Place 123, 150
Cooum (Fluss) 472
Cornwallis, Charles (Gouverneur) 43, 268
Cuttack 210
Cyber Towers, Hyderabad 408

D
Dakshineshwar 277
Dalai Lama 51, 99
Dal-See, Shrinagar 66, 69
Darjeeling 236
Daro Shukah 39
Datar-Hügel 201
Daulatabad 32, 308
Day, Francis 472
Dekkan 27f., 40, 208, 308, 311, 379, 384, 421f., 441, 458, 467
Delhi 32f., 35, 39, 45, 112, 118ff., 160 ,162, 172, 208, 215, 270, 273
Alt-Delhi 120, 123, 133, 142
Neu-Delhi 87, 123, 150
Delhi-Sultanat siehe Sultanat von Delhi
Dharamsala 51, 99
Dhauladhar-Gebirgskette 99
Digambaras 205
Dispur 226
Dogra-Rajputen 60
Dost Muhammad Khan 314
Draviden 30, 311f., 421, 424, 491
Dschingis Khan 36
Dufferin, Lord 92
Durga 252, 278
Dvaraka 116
Dyer, Sir Reginald 79

E
East India Company, 38, 40, 42ff., 268, 273, 328, 436, 458, 472
Edward VII. 175
Elephanta 343, 373
Ellora 28, 328, 331
Ernakulam 496

F
Fa-Hsien 24
Faizabad 215
Faridabad 112
Fatehpur Sikri 37f., 162, 172, 208
Fort Ramnagar, Varanasi 240
Fort Saint George, Chennai 42, 472, 474
Fort William, Kolkata 44, 268

G
Gandak 259
Gandhara 17, 21, 22, 273
Gandhi, Indira 53, 84
Gandhi, Kasturba 380
Gandhi, Mohandas (Mahatma) 46ff., 198, 380
Gandhi, Rajiv 53, 57
Gandhi, Sonia 54, 56, 70
Gandhinagar 114, 198
Ganesha 25, 369, 484
Gangaikondacholapuram 30
Ganges 27, 208, 210, 212, 221, 240, 242, 244, 259
Gangesebene 15, 27, 112, 208
Ganj, Forsyth 99
Garsting, John 254
Gateway of India, Mumbai 343
Gaumukh 208
Gayatri Devi 176
George V. 343
Gesudaraz 160
Ghaziabad 112
Ghiyas ud-Din 168
Girnar 116
Goa 38, 421f., 424, 426, 431, 432
Goldener Tempel, Amritsar 53, 77ff., 84
Golf von Bengalen 208, 212, 421
Golkonda 384, 400, 402
Gomateshwara, Jain-Heiliger 451
Gosh, Amitav 273
Grand Trunk Road 36, 77
Grüne Revolution 65
Gujarat 24, 32, 36, 54, 114, 116, 196, 198, 201f., 205, 312, 336, 414
Guptas 23ff., 212

Gurgaon 112
Gurjara-Pratiharas 27, 32
Gurpura (Fluss) 500
Guru Arjun Dev 77
Guru Gobind Singh 84
Guru Granth Sahib 78, 84
Guru Har Gobind 77
Guru Nanak 65, 84
Guru Ram Das 77
Guwahati 226, 236
Gwalior 308

H
Haji-Ali-Moschee, Mumbai 308
Hampi 35, 467
Hanuman 94
Harappa 12
Hare Krishna 470f.
Haridwar 221
Harihara, Gründer des Vijayanagar-Reichs 35
Harmandir siehe Goldener Tempel
Harsha 27, 28
Haryana 65, 87, 112
Hastings, Warren 43
High Court, Mumbai 44
Himachal Pradesh 60, 63, 92, 99, 236
Himalaya 60, 63, 92, 94, 97, 99, 208
Hinduismus 27, 63, 84, 208, 250ff., 504
Hindukusch 17
Hindutva-Bewegung 54
Holi 318
Hoyshalas 30, 422
Hugli 210, 268, 295, 302
Humayun 36, 124, 127
Hunnen 26, 112
Hyder Ali 422, 436, 458, 500
Hyderabad 49, 161, 312, 384ff., 420

I
Ikshvaku-Dynastie 22
Iltutmish 32
Imam Hussain 389
Indisch-Chinesischer Grenzkrieg 57
Indische Republik 11, 48ff.
Indischer Ozean 421
Indisch-Pakistanischer Krieg, Dritter 53
Indisch-Pakistanischer Krieg, Erster 49
Indraprastha 120
Indus 63, 104
Induskultur 12ff.
Islam 60, 84, 160f., 208, 386
Itimad ud-Daula 168

J
Jag-Nivas-Palast, Udaipur 184
Jahangir 38f., 69, 77, 169
Jahaz Mahal, Mandu 325
Jai Singh 175, 179
Jainismus 15, 204f., 262
Jaipur 174ff.
Jaisalmer 192ff.
Jal Mahal, Jaipur 181
Jama Masjid, Delhi 39, 120, 123, 142
Jammu 60, 63
Jammu und Kaschmir 60, 66, 104
Janata-Partei siehe Bharatiya-Janata-Partei (BJP)
Jhansi 45
Jharkhand 210, 262, 265
Jhelum (Fluss) 65f.
Jinnah, Mohammed Ali 46
Jodhpur 188ff.
Junagadh 200ff.

K
Kabul 36f., 168
Kachari 226
Kailasa-Tempel, Ellora 28, 331
Kali 266, 268, 92
Kalidasa 24
Kalinga 212
Kali-Tempel, Kolkata 277
Kalkutta siehe Kolkata
Kamakhya-Tempel, Guwahati 226
Kamasutra 24f.
Kanauj 27
Kanchenjunga 232
Kanchipuram 28
Kandahar 39
Kangra 65, 99
Kanishka 21
Kap Komorin 421
Kapilavastu 20
Kapurthala 65
Karbi 226
Karim El Husseini, Aga Khan IV. 380
Karkota-Dynastie 66
Karmapa Ugyen Trinley Dorje 102
Karnataka 18, 28, 35, 236, 421f., 424, 436, 458, 467, 500, 502
Kaschmir 11, 49, 51, 57, 60, 63, 69, 70
Kashyapa 60
Kathiavar-Halbinsel 201
Kautilya 17
Kaveri (Fluss) 30, 421, 484
Kempe Gowda I. 436
Kerala 414, 421f., 424, 496
Khajuraho-Tempelanlage 27, 308, 321
Khan, Sharukh 290, 377
Khurram 39
Khusrau 38
Khusrau, Amir 160
Kochi 496
Kodungallur 496
Kolkata 42ff., 46, 208, 210, 212, 236, 266ff.
Konarak 212
Kongresspartei 51, 53f., 56
Konkan-Küste 311, 421, 426
Koromandel-Küste 421, 472
Krishna 116, 470, 471
Krishnadevaraya 35
Kshatriyas 15
Kubera 21
Kujula Kadphises 21
Kumaradevi 24
Kumaragupta 24, 26
Kumaris 278
Kumartulli 288
Kumbh Mela 208, 220f.
Kuru-Dynastie 112
Kushanas 21f., 24, 60
Kushinagara 20, 208
Kutch 198, 202

L
Ladakh 60, 63, 104, 108
Lahaul 65
Lahore 39, 65, 79
Lakshmana 94
Lakshmi 252
Lamayuru 63
Le Corbusier 87f., 196
Leh 63, 104ff.
Licchavis 23
Lodis 33, 35
Lohara-Dynastie 66
Lucknow 45, 161, 214ff.
Lumbini 20

M
Madhya Pradesh 23, 308, 311, 314, 325
Madras siehe Chennai
Madurai 30, 422, 488ff., 494
Magadha 17, 23, 254
Mahaballipuram 28
Mahabharata 28, 116, 120
Mahabodhi-Tempel, Bodh Gaya 25, 254, 257
Mahanadi (Fluss) 210
Maharaja Gaj Singh II. 190
Maharaja Man Singh II. 176
Maharaja Ranjit Singh 79
Maharashtra 308, 311, 312, 328, 336, 379
Mahmud von Ghazni 32, 308
Malabar Hill, Mumbai 339
Malabar-Küste 421
Malediven 30
Malwa 325
Mandu 324ff.
Mangalore 500ff.
Manipur 212, 226
Marathen 40, 43, 196, 215, 312, 346, 379, 436
Marwar 188, 190
Masrur-Tempel, Kangra 65
Mathura 23, 24
Mauryas 10, 17, 21, 30, 60, 120, 210, 212, 254, 308, 312
Maya 20
McLeod Ganj 99
McLeod, David 99
Meerut 44
Meghalaya 212, 226
Mehrangarh-Festung 190
Mekka-Moschee, Hyderabad 384, 394
Menakshi 490
Menakshi-Tempel, Madurai 488, 490
Mewar 35, 36, 184
Mirza, D. N. 344
Mirza, Sania 411
Mishmi 226
Mizoram 212, 226
Moghuln 10, 36ff., 65, 69, 112, 168, 175, 184, 188, 212, 215, 240, 314, 386
Mohammad Ghuri 32, 308
Mohammed (Prophet) 75
Mohenjo Daro 12
Mount Abu 116
Mountbatten, Lord 46, 48, 49
Muhammad bin Tughluq 32
Muhammad Quli Qutb Shah, Gründer von Hyderabad 384, 386
Muinuddin Chishti (Sufi-Meister) 160, 161
Mumbadevi 336
Mumbai 44, 273, 311, 313, 334ff., 374
Mumtaz Mahal 39, 162, 164, 168
Musi (Fluss) 384
Muslimliga 45, 48, 49
Mutter Teresa 282f.
Muzaffar Khan 196
Myanmar 261
Mysore 43, 422, 436, 458ff.

N
Nachna 23
Naga 233f.
Nagaland 212, 226
Nagarjunakonda 22
Nagin-See, Shrinagar 66
Nalanda 28, 210
Namgyal-Dynastie 104
Nanda-Dynastie 17
Nanga Parbat 60
Narasimha Rao 54
Narasimhavarman I. 28
Narmada (Fluss) 28, 114, 326
Nasik 221
Nathu-La-Gebirgspass 57
Nationalkongress 46, 48
Nava-Kadal, Shrinagar 66
Nayaks 491
Nehru, Jawaharlal 46, 48ff., 53, 87
Nepal 20, 212
Netravati (Fluss) 500
Nilachal-Hügel 226
Nilgiri-Berge 236
Nirvana 20

Nizam ud-Din Aulia (Sufi-Meister) 144, 160
Noida 112, 124
Nur Jahan 38f., 69
Nyimagön 63

O
Oraon 262
Orissa 210, 212, 236
Osho 380, 382, 470f.
Osmansagar-See, Hyderabad 405
Ostghats 208, 210, 308

P
Pakistan 11, 17, 46, 48f., 51, 54, 57, 60, 63, 65, 69, 87, 161, 193, 261, 386
Palas 27, 28
Palitana 204
Pallavas 28, 30, 421
Pandyas 30, 421, 488
Panipat 65
Panjim 426ff.
Parantaka 30
Parasnath 262
Parsen 371
Parther 21
Parvati 252
Pataliputra 17, 254
Patiala 65
Patil, Pratibha 56f., 149
Patna 254ff.
Periyar (Fluss) 496
Persien 10, 36
Peshawar 17
Pir-Panjal-Kette 60
Pondicherry 422
Prabhavati 24
Prithiviraj 120
Pulakeshin II. 28
Pune 378ff.
Punjab 48f., 60, 65, 77, 84, 87, 112
Puranas 26, 250
Pushyamitra, General 18
Pushyamitra-Stamm 26
Putthaparthi 470

Q
Qutb Minar 32
Qutb ud-Din Aibak 32, 120
Qutb-Shahi-Dynastie 400, 402

R
Rabha 226
Rai, Aishwarya 377
Raj, Lala Lajpat 94
Raja Bhoja 314
Rajagriha 210
Rajaraja 30
Rajasthan 55, 112ff., 141, 160, 175f., 193, 311
Rajendra 30
Rajgir 210, 259
Rajputen 27, 32, 35f., 38, 40, 63, 112f., 120, 188, 208
Rama 54, 94
Ramayana 28, 38
Ram-Janmabhumi-Tempel, Ayodhya 222
Rana Singh 36
Ranchi 262ff.
Rang Mahal, Delhi 131
Rani Rumpati 325, 326
Rani von Jhansi 45
Rao Jodha 188
Rashtrakutas 27f., 32, 331
Rashtriya Svayamsevak Sangh (RSS) 222
Rathor-Clan 188
Ravi (Fluss) 65
Rawal Jaisal 193
Rigveda 15
Roe, Sir Thomas 39
Rotes Fort, Agra 169, 171
Rotes Fort, Delhi 39, 123, 128
Rudrasena II. 24

S
Sabarmati (Fluss) 196
Sadhus 221, 251, 314
Sai Baba 470
Salim Chishti 172
Salzmarsch 46, 48, 198
Samarkand 36, 39
Samudragupta 23, 24
Sanchi 18f., 23, 308
Santhal 262
Saraswati (Fluss) 208, 221
Sarnath 18, 20, 24, 26, 208
Satpura 312
Satpura-Gebirge 311
Schlacht bei Panipat 36
Schlacht bei Talikot 35
Schlacht von Ipsos 17
Schlacht von Plassey 42
Seleukos Nikator 17
Sengge Namgyal 104
Sepoy-Aufstand 44f., 217
Shah Jahan 39, 123, 131, 142, 162, 164, 171
Shah Jahan Begum 317
Shah-Hamadan-Moschee, Shrinagar 66
Shahjahanabad 123
Shah-Mir 66
Shakas 24
Shakti-Kult 226
Shakya-Stamm 20
Shankar, Anushka 154
Shankar, Ravi 154
Shastri, Lal Bahadur 51, 53
Shatavahanas 18, 22
Shatrunjaya (Berg) 116, 204, 205
Shekhavati 182
Sher Khan Sur 36, 37
Shey 63
Shimla 92, 97
Shiv Sena 54
Shiva 35, 252, 371, 240, 490
Shivaji 40, 312
Shivalik-Gebirge 60, 65, 87
Shrinagar 60, 66, 69, 72, 75
Shudras 15
Shungas 18
Shvetambaras 205
Siddhartha Gautama siehe Buddha
Sikandar Shah 66
Sikandarabad 384, 397
Sikhismus 84f.
Sikh-Reich 79
Sikkim 57
Sindh 193, 311
Singh, Manmohan 54, 56f.
Siraj ud-Daul 42
Sisodia-Rajputen 184
Sitambara-Tempel, Kolkata 277
Skandagupta 26
Skythen 21
Somnath 32, 114
Sowjetunion 51, 54
Spiti 65, 104
Sri Lanka 30, 421, 494
St. Paul's Cathedral, Kolkata 44
Sufismus 37, 60
Sultanat von Delhi 30, 32f., 35f., 38, 120, 308
Sundarbans 210, 261
Surat 114
Sur-Dynastie 36
Suryavansa-Dynastie 22
Sutlej (Fluss) 65
Syamala Devi 92

T
Tagore, Rabindranath 39, 44, 273
Taiwan 261
Taj Mahal 39f., 162ff.
Taj ul-Masjid, Bhopal 317
Tamil Nadu 42, 421, 424, 472, 474, 480, 488
Tanjavur 30
Thar-Wüste 65, 112, 188
Thirumalai Nayak 491
Tibet 51, 57, 99
Tilak, Bal Gangadhar 45
Timur Lenk 35, 36
Tipu Sultan 422, 436, 458
Tirthankaras 204
Trichy 484
Tripura 212, 226
Tsemo-Berg 104
Tungabhadra, Hampi 35, 467

U
Udai Singh 184
Udaipur 184ff.
Ujjain 221
Umaid-Bhavan-Palast 190
Unabhängigkeit 48f.
Unabhängigkeitsbewegung 46, 48, 51
Upanishaden 15, 250
Utpala-Dynastie 66
Uttar Pradesh 112, 208, 215, 222
Uttarakhand 208

V
Vaidya, S. K. 344
Vaishno-Devi-Tempel, Jammu 63
Vaishyas 15
Vajpayee, Atal Bihari 54
Vakataka 24
Varana 240
Varanasi 208, 240ff.
Vardhana-Dynastie 112
Varmas, Ravi 44
Vatsyayanas 24
Veden 15, 250
Vedische Periode 15f.
Victoria Memorial, Kolkata 45, 46, 268
Victoria Terminus, siehe Chhahtrapati Shivaji Terminus
Viddhana Soudha, Bangalore 441
Vijayanagar 35, 422, 436, 458, 467f., 491
Viktoria, Königin 45, 46
Vindhya-Gebirge 311, 325
Vira Ballala Raya II. 436
Virupaksha-Tempel, Hampi 35
Vishnu 26, 222, 252
Vishwa Hindu Parishad (VHP) 222
Vivekananda 45

W
Wajid Ali Shah 215, 217
Wellesley, Lord 43
Westbengalen 23, 51, 236
Westghats 308, 312, 421, 488
Wodeyars 436, 458, 460

Y
Yadu-Raya 458
Yakshas 21
Yamuna (Fluss) 27, 39f., 65, 123, 131, 157, 162, 171, 208, 221
Yoga 504f.

Z
Zanskar 104
Zanskar-Gebirgskette 63
Zarathustra (Prophet) 371
Zentralasien 10

Impressum

Deutsche Ausgabe veröffentlicht von
NATIONAL GEOGRAPHIC DEUTSCHLAND
(G+J/RBA GmbH & Co KG), Hamburg 2008

Konzeptentwicklung
Peter Delius, Laura Venegoni

Autoren
Myriam Alexowitz (Mittelindien), Dr. Caren Dreyer (Nordwestindien), Tilo Lothar Rölleke (Jainismus), Kerstin Schier (Kulturgeschichte), Uta Schröder (Nordostindien), Tatjana Siegle (Nordindien), Elisabeth Steinbrückner (Südindien)

Redaktion
Juliane von Laffert (Leitung), Nikolai Löwenkamp, Katja Schwarz, Laura Venegoni

Bildbeschaffung
Jacek Slaski

Design
Dirk Brauns

Repro
Europrint GmbH, Berlin

Printed in Thailand
ISBN 978-3-86690-076-9

Wir danken Sriparna Dev Dutta, Diamond Oberoi und Amar Chand Bhati dafür, dass sie uns Einsicht in ihr Leben gewährt haben.

Die National Geographic Society, eine der größten gemeinnützigen wissenschaftlichen Vereinigungen der Welt, wurde 1888 gegründet, um «die geographischen Kenntnisse zu mehren und zu verbreiten». Seither unterstützt sie die wissenschaftliche Forschung und informiert ihre mehr als neun Millionen Mitglieder in aller Welt. Die National Geographic Society informiert durch Magazine, Bücher, Fernsehprogramme, Videos, Landkarten, Atlanten und moderne Lehrmittel. Außerdem vergibt sie Forschungsstipendien und organisiert den Wettbewerb National Geographic Bee sowie Workshops für Lehrer. Die Gesellschaft finanziert sich durch Mitgliedsbeiträge und den Verkauf der Lehrmittel.

Die Mitglieder erhalten regelmäßig das offizielle Journal der Gesellschaft: das NATIONAL GEOGRAPHIC-Magazin.

Falls Sie mehr über die National Geographic Society, ihre Lehrprogramme und Publikationen wissen wollen, nutzen Sie die Website unter www.nationalgeographic.com.

Die Website von NATIONAL GEOGRAPHIC DEUTSCHLAND können Sie unter www.nationalgeographic.de besuchen.

Wir danken den folgenden Bildarchiven für die Abbildungsgenehmigungen: AKG Images, Corbis, Das Fotoarchiv, Getty Images, Indo-pictures/Dinodia, iStockphoto, Picture Alliance, Shutterstock

Wir danken folgenden Fotografen für die Abbildungsgenehmigungen: Fareed Ahmed, Akshay, Anaxila, Michael Baun, Abid Bhat, Walter Callens, John Campana, Lian Chang, Jason DeLand, Wolfgang Fellenz, Dipika Ghose, Mohan Gidwani, Luisa Girardi, Michael Gitberg and Teodora Georgieva, Chandrachoodan Gopalakrishnan, Patrick Gower, Amarnath Gudlavalleti, Indu Harikumar, Richard Ishida, Gourab Kar, Sanhita Kar, Ashish Kushwaha, Ramesh Lalwani, Matt Logelin, Julien Mailler, Francisco Martins, Tang Min, Dave Morris, Suvashis Mullick, Christian Nagelstrasser, Satu Palander, Humayunn NA Peerzaada, Claire Pullinger, Eli Remolona, santoshat, Katja Schwarz, Daljeet Singh, Edouard Wautier, Rita Willaert

Coverabbildung: Hans Silvester/Agentur Focus
Karte S. 4: Netmaps, Barcelona

Für detaillierte Bildnachweise und Bildunterschriften besuchen Sie bitte die Webseite: www.TheKnowledgePage.com